# Bilder einer Landschaft

Es fotografierte Dieter Gutmann

Den Text schrieb Dieter Weber

# Sächsische Schweiz

VEB F.A. Brockhaus Verlag Leipzig

ISBN 3-325-00276-5

2. Auflage
VEB F. A. Brockhaus Verlag Leipzig, DDR, 1989
Lizenz-Nr. 455/150/67/90 · LSV 5219
Lektorat: Gisela Seidel
Buchgestaltung: Marlis Freitag
Printed in the German Democratic Republic
Gesamtherstellung: Grafische Werke Zwickau III/29/1
Redaktionsschluß: Oktober 1988
Bestell-Nr. 586 647 3
03700

»Drin liegen Städt und
Schloß gar viel!«

Die 1875 in Pirna eingeweihte Elbbrücke symbolisiert das Eingangstor zur Sächsischen Schweiz. Die Stadt selbst wurde 1233 erstmalig urkundlich erwähnt und erhielt 1240 das Stadtrecht. In der Oberlausitzer Grenzurkunde von 1241 wurde sie als »Ulmenbach« (sorbisch »Wazouniza«) bezeichnet. »Auf dem Harten (Stein)« – »na pernĕm« – ist die glaubwürdigste Erklärung ihres Namensursprungs. Die Geburtsurkunde des Schlosses Sonnenstein, der späteren Festung, »in castro Pirna«, das sich über Stadt und Strom erhebt, stammt aus dem Jahre 1269.

Wir kennen das weltbekannte Pirnaer Marktplatzbild, das Bernardo Bellotto, gen. Canaletto, schuf. Er malte »die festliche Halle des Marktes in leuchtendem Goldbraun, so sonnig und mit so buntem Marktleben, wie es dem heiteren Charakter der Stadt entsprach«. Auch Goethe war angetan von dieser Stadt, als er sie 1813, »auf vortrefflichem Wege und bei herrlichem Wetter« von Dresden kommend, »gar anmutig an der Elbe liegend« kennenlernte. Bekannt ist auch Pirnas schöne spätgotische obersächsische Hallenkirche, die von 1502 bis 1546 gebaut wurde. Sie trägt ein ungewöhnlich steiles Dach, das uns während einer Schiffahrt auf der Elbe noch weithin sichtbar begleitet, denn Pirna ist nicht Ziel, sondern Ausgangsort unserer dreistündigen Fahrt durch das Elbsandsteingebirge bis zum Grenzort Schmilka.

Bald sehen wir die Elborientierungstafel 34, die den Beginn des Landschaftsschutzgebietes Sächsische Schweiz mit seinen über 2000 Hektar umfassenden Naturschutzgebieten und Reservaten markiert. Zu ihnen gehören: Das Basteigebiet als ältestes Reservat (805 ha), im Polenztal die Zeschnigleiten (110 ha), die Märzenbecherwiesen (3 ha) und das Polenztal (69 ha), der Große Winterberg und der Zschand mit dem »Strengen Reservat Böses Horn« (1096 ha), die Kirnitzschtalklamm mit einem Totalreservat (53 ha), im Sebnitzer Wald die Heiligen Hallen (33 ha) und der Gimpelfang (11 ha). Zudem wurde 1986 ein Trinkwasservorbehaltsgebiet »Kirnitzsch« mit einem 160 $km^2$ großen Einzugsgebiet (DDR 75 $km^2$ und ČSSR 85 $km^2$) bestätigt.

Den beiden Kreisen Pirna und Sebnitz obliegt für den konsequenten Schutz dieser Gebiete eine hohe Verantwortung, denn die so intensiv genutzte Landschaft bedarf für den Schutz der bedrohten Pflanzen- und Tierwelt sowie der Gesteine besonderer Maßnahmen, um »einmalige Naturräume in ihrer ursprünglichen Form zu erhalten«.

Die Landschaft ist einzigartig schön, ihr Ausmaß jedoch relativ klein. Millionen Besucher aus aller Welt wollen sie erleben, sich an ihrer Einmaligkeit erfreuen. Da bedarf es schon eindeutiger Regeln zu ihrem Schutz. In einer 1983 vom Rat des Bezirkes Dresden beschlossenen »Verhaltensordnung« sind alle Bewohner, Besucher und Sportausübenden im Landschaftsschutzgebiet zu besonders achtungsvollem und umsichtigem Verhalten gegenüber der natürlichen Umwelt aufgefordert. Ein Landschaftspflegeplan »Sächsische Schweiz« wurde 1978 verabschiedet. Noch vor dem 3. Landschaftstag »Sächsische Schweiz«, der 1987 in Pirna stattfand, wurde für die Sächsische Schweiz beim Ministerrat der DDR die für unser Land höchste Schutzkategorie »Landschaftsschutzgebiet von zentraler Bedeutung« beantragt.

Die nächste größere Station, die wir mit dem Dampfer nach Posta und Zeichen erreichen, ist Stadt Wehlen, von den Liebhabern dieses schönen Fleckens auch »Wehlstädtl« genannt. Die Stadt entstand im Schutze einer Burg, die als »castrum wylin« 1269 erwähnt wurde. Wegen der sich über Wehlen ausbreitenden Waldgebiete war für die Meißner Markgrafen die Burg ein beliebter Wohnsitz, um von dort aus ihre Jagden zu unternehmen. Nach der Französischen Revolution begann 1790 in den Dörfern Wehlen und Lohmen der Sächsische Bauernaufstand. Dort wandten sich die Bauern gegen das feudale Jagdrecht und gegen die damit verbundenen schlimmen Wildplagen auf ihren Feldern. Das »freie Jagen« der Wildschützen wurde nach einer 1572 erlassenen »kursächsischen Jagdkonstitution« äußerst hart, bisweilen grausam bestraft. Die bekanntesten »Freischützen« im 19. Jahrhundert waren im Hinterhermsdorfer Forst unter anderen der auch Jans genannte Karl Gottlieb Dittrich, den man mit dem erzgebirgischen Stülpner Karl verglich, und Karl Joseph Focke, der vornehmlich im linkselbischen Waldgebiet seine »Wildschütz-Steige« hatte, und der 1887 in der Nähe des Ortes Cunnersdorf von Gendarmen erschossen wurde.

Stadt Wehlen besitzt auch einen Pflanzengarten, in dem vor allem die für das Elbsandsteingebirge typischen Pflanzen gedeihen. Im Heimatmuseum wurde 1982 das Landeskulturkabinett »Sächsische Schweiz« eröffnet.

Über 160 Jahre war am Wehlener Elbufer eine Schiffsmühle verankert, die das Korn von den Getreidekähnen übernahm und verarbeitete. Ende des 19. Jahrhunderts wurde die Mühle für Kettenschlepper und andere Schiffe zunehmend zum Hindernis. Man baute sie ab und zimmerte daraus ein schwimmendes Tanzpodium für die Dresdner Gaststätte »Italienisches Dörfchen«. Ob den Tanzpaaren bewußt war, daß sie sich auf dem Unterbau der ehemaligen Wehlener historischen Schiffsmühle bewegten?

Nach kurzer Fahrt unterhalb der Weißen Brüche erreicht das Schiff den Kurort Rathen. Hier begrüßt uns hoch über dem Strom ein Burgbau, der 1261 erstmalig erwähnt wurde. Unweit dieser Burg Altrathen erhebt sich über dem Wehlgrund nahe bei der Bastei die Felsenburg Neurathen; sie ist seit ihrer Rekonstruktion 1984 wieder zugänglich.

Das Rathener Gebiet gehört zu den klassischen Ausflugszielen. Hier beginnen viele Wander- und Klettertouren. Auch zum Theater muß man laufen, will man auf der berühmten Felsenbühne zwischen den Bastei- und den Gansfelsen im Wehlgrund die spannenden Karl-May-Stücke oder Carl Maria von Webers Oper »Der Freischütz« erleben. Der Textautor der vielgespielten romantischen Oper, J. F. Kind, hatte die Anregung für seine aufregend wildromantische Wolfsschluchtszene in dieser Felsenwelt gefunden.

Man hört ihn förmlich zittern, diesen Jägerburschen Max:

> »Ha! – Furchtbar gähnt
> der düstre Abgrund! Welch ein Graun,
> das Auge wähnt
> in einen Höllenpfuhl zu schaun!«

Man hört aber auch des wilden Kaspars und Verführers Ruf:

> »Hilf, Samiel!«

Erlösender und fröhlicher sind dann schon Text und Melodie des trinkfesten Weber'schen Jägerchores:

> »Wenn Wälder und Felsen uns hallend umfangen,
> tönt freier und freud'ger der volle Pokal.
> Ja ho, tra la la, la la la ...«

Romantisch ist es schon, ein solches buntes Spektakel inmitten des Felsengrundes zu erleben. Die Aufführungen der Landesbühnen Sachsen sind gefragt und werden jährlich von Hunderttausenden begeisterter Menschen besucht.

Von Rathen kann man zum Amselsee wandern, der 1934 angestaut wurde und heute zu einer Kahnpartie lockt. Ein Weg führt weiter zum Amselfall, oder man »wandelt durch ein ungeheueres Felsenlabyrinth, wo überall zerklüftete, nackte und bewaldete Felsenmassen, bald als senkrechte und gespaltete Felsenpfeiler in den seltsamsten, immer wechselnden Gestalten gigantisch aufsteigen, und enge, tiefe und schauerliche Felsen-Gründe, Schluchten und Klüfte, mit düsteren Höhlen labyrinthisch sich durchkreuzen. Da öffnet sich hier der Wehlgrund, dort der Rathener, Grünbach- und Amselgrund; hier gähnt aus den Klüften der Tümpelgrund, dort der Pferdegrund; hier stürzt die Dachsenhälter herab, dort liegt der zackige Verhau der finstern Schwedenlöcher«. Wer will nicht, der prächtigen Schilderung von 1845 folgend, diese Gegend in Augenschein nehmen? Ganz aktuell wird der Autor Professor Münnich in der Zeitschrift »Über Berg und Thal«, wenn er schreibt: »Gewiß, sie ist schön die Gegend, wundervoll der Schauplatz dieser leblosen Gestalten und lebenden Wesen; wird aber immer noch schöner durch die erfreulichen Spuren, welche das Dasein fleißiger Menschen verkünden!«

Es ist, als hätte er sie schon im voraus beobachtet, die Mitglieder des Deutschen Verbandes für Wandern, Bergsteigen und Orientierungslauf der DDR (DWBO), die Forstarbeiter, die Freunde des Kulturbundes der DDR, die Betriebskollektive, auch die Schüler und Studenten, die sich um Ordnung und Sauberkeit im Gebirge bemühen, die die schwierigsten Steige und Aussichten instandsetzen und -halten, mühevoll zum Schutz der von Wind, Wasser und Menschen erosionsgefährdeten Berghänge Rutenbündel (Faschinen) anfertigen, die die Wege markieren, und die den von unvernünftigen Besuchern leider immer wieder weggeworfenen Unrat einsammeln.

Rathen und die Bastei gehören zusammen. Schon 1826 wurde vom Neurathener Felsentor zur Bastei eine Holzbrücke gebaut. Seit 1851 kann man über die sieben Bögen einer Sandsteinbrücke zur Bastei gelangen, deren Gaststätte sich von den ersten bescheidenen Rindenhütten (1812) nach umfangreicher Rekonstruktion (1975/79) zu einer niveauvollen Einkehr- und Raststätte gewandelt hat und die sich 190 Meter über der Elbe erhebt.

Einer, der sich von Leidenschaft und Augenmaß leiten ließ, war der »Fotopionier« Hermann Krone, von dem 1853 die ersten fotografischen Landschaftsaufnahmen in Sachsen in der Sächsischen Schweiz gemacht wurden. »Hermann Krone hic primus luce pinxit, MDCCCLIII« wurde 1857 in den Steinschleuder-Felsen an der Basteibrücke eingemeißelt. Er »malte als erster mit Licht« während eines Tagesaufenthaltes auf der Bastei am 2. Oktober 1853 und war glücklich, an diesem Tag 13 gute Aufnahmen in den »Kasten« bekommen zu haben. Für das erste »Fotoalbum über die sächsisch-böhmische Schweiz« war er drei Wochen unterwegs und hatte 36 Aufnahmen »geschossen«. Krone, der weitgereiste und vielseitige Dresdner Fotograf, leitete auch die ersten Ausgrabungsarbeiten an der Wehlener Burg.

Unser Dampfer fährt weiter nach Königstein, vorüber an den Schulhainbrüchen und den gegenüberliegenden linkselbischen Steinbrüchen der Niederen Kirchleite. Königstein, im Taleinschnitt und an den Hängen des Elb- und Bielatals gelegen, wurde 1379 als »Kunigstein« erstmals genannt. Die Stadt entstand unterhalb des in der Oberlausitzer Grenzurkunde am 7. Mai 1241 »in lapide regis« = »auf dem Stein des Königs« erstmals erwähnten Königsteins, dessen Burganlage nach einem Dekret des Kurfürsten Christian I. ab 1589 »vollends zu einer Festung« ausgebaut wurde. Die Menschen aus der Stadt und den Orten der Umgebung, Fronarbeiter und Gefangene, auch besoldete Bergleute (Brunnenbau 1563/69), waren die Erbauer dieser einmaligen, sich trutzig als Wächter des Elbtals und des Bielatals emporhebenden Festung. Beeindruckend ist die Geschichte des Staatsgefängnisses. Die Festung war Zufluchtsort des Sächsischen Fürsten und Königshauses, Staatstresor und Aufbewahrungsort der Dresdner Kunstschätze.

Die Festung galt als uneinnehmbar. Sie ist nie erobert worden. Viele, die in ihren Mauern unfreiwillig festgehalten wurden, trachteten nach Flucht. Aber nur wenigen gelang sie.

Einer wollte partout in die Festung hinein, ohne Eintritt zu zahlen: der 18jährige Schornsteinfeger Sebastian Abratzky aus Mahlis bei Oschatz in Sachsen. Er wollte sich am 20. März 1848 beim Eisenbahnbau in Königstein bewerben; zuvor aber hatte er noch einen freien Sonntag. Den nutzte er, um vormittags in einem dreistündigen Alleingang ohne Hilfsmittel an der Festungs-Ostseite in einem sich dafür anbietenden Felskamin hochzusteigen. Er erreichte erschöpft das Plateau und wurde entdeckt. Die Meldung von der ersten »Erstürmung« des bekannten uneinnehmbaren Königsteins ging durch die Weltpresse. Der darüber äußerst brüskierte Festungskommandant Generalmajor Moritz Birnbaum sperrte den mutigen Bergsteiger 12 Tage ins Festungs-Türkenloch. Auch meldete er diesen für ihn peinlichen Vorgang erst zwei Tage später seinem Vorgesetzten im Königlichen Kriegsministerium zu Dresden.

Diese von Generation zu Generation gern erzählte Geschichte beweist, daß einer schon mit 18 Jahren zur Weltberühmtheit avancieren kann, wenn er den Mut hat, das falsche Objekt (streng bewachte Festung!), zum falschen Zeitpunkt (Revolutionsjahr 1848!), von einer streng verbotenen Seite aus in Augenschein zu nehmen! Am 29. Mai 1955 war es aber soweit, daß die Festung Königstein mit ihrem 360 Meter hohen und fast 10 Hektar großen Plateau vom Ministerium für Kultur der DDR übernommen wurde, um sie als museale historische Stätte allen zugänglich zu machen.

Ein Jahr nach dieser Eröffnung fiel es offenbar den gestrengen Festungsmannen immer noch schwer, sich an diesen neuen Status zu gewöhnen, denn es passierte folgende Geschichte: Der erste Kulturminister der DDR und damit auch oberster Chef des noch jungen Museums Festung Königstein, der Dichter Johannes R. Becher, wollte mit seiner Frau Lilly auf der Rückfahrt vom Prager Musikfrühling noch en passant bei schönem Wetter am 16. Mai 1956 der im Schein der Abendsonne lockenden Festung einen Besuch abstatten. Minister Becher zeigte dem Festungs-Pförtner Rudolph seinen Ausweis und bat, sie doch ohne große Formalitäten noch einzulassen. Doch so leicht ließ sich der bestallte Hüter der Festung nicht überrumpeln. Den Ausweis des Ministers in der Hand, rief er den Festungsdirektor an: »Kollege Weber, hier ist ein gewisser Becher. Er sagt, er käme vom Ministerium und will nicht bezahlen. Soll ich ihn durchlassen?« Er sollte! Beim abschließenden Rundgang mußten wir alle darüber herzlich lachen.

Von der Stadt Königstein lohnen sich schöne Wanderungen in das an »Steinen« reiche linkselbische Gebiet. Man wandert durch das Bielatal oder das Tal des Cunnersdorfer Bachs zum sehenswerten Erholungsort Cunnersdorf mit einer Heimatstube, einem Schwimmbad und einem Naturlehrpfad.

Vielbesucht ist der abwechslungsreiche Pfaffenstein, der eine »Sächsische Schweiz im kleinen« darstellt. Berühmt ist er auch durch die dort ausgegrabenen Zeugnisse menschlichen Lebens von vor 3000 Jahren und die 42 Meter hohe freistehende Felsnadel »Barbarine«.

Sehenswert sind auch die anderen Steine, der Quirl mit seiner Diebshöhle, der größten Schichtfugenhöhle im Elbsandsteingebirge, und den nach einem Räuber Sterl genannten zwei weiteren Höhlen.

Auch ein Papststeinbesuch ist lohnend. An seiner Südseite ereignete sich am 17. Januar 1972 ein folgenschwerer »Polterabend«. In den Abendstunden lösten sich fast 4000 $m^3$ mächtige Gesteinsmassen und schlugen eine 30 Meter breite Schneise in den Hangwald. Das war seit 1904 der größte Felssturz im Elbsandsteingebirge.

So hat jeder Stein seinen Namen und seine eigene Geschichte. Der in seiner Form wohl auffallendste einzige rechtselbische 415 Meter hohe Tafelberg ist der Lilienstein. Auf seinem Plateau wurden Reste einer mittelalterlichen Befestigungsanlage ausgegraben, die vermutlich im Zusammenhang mit der gegenüberliegenden damaligen Burg Königstein eine Wächterfunktion über dem Elbtal und der Ebenheit zu erfüllen hatte. Als »Ylgenstein« wurde der Lilienstein 1379 erwähnt.

Wir fahren von Königstein weitere ca. 7 Kilometer, vorbei an den Elborten Prossen und Rathmannsdorf und der Mündung des Lachsbaches mit den Wassern der Sebnitz und der Polenz, und erreichen nach einer guten halben Stunde Bad Schandau. Vorher passiert das Schiff zwei Brücken. Die erste wurde 1875/77 gebaut. Über sie führt die Eisenbahnlinie nach der Kunstblumen- und Kreisstadt Sebnitz. Über die zweite 263 Meter lange Spannbetonbrücke führt die Fernverkehrsstraße 172. Sie wurde 1977 eingeweiht.

Bad Schandau, mit den schon 1810 von Theodor Körner gewürdigten »Kraft- und Prachtplätzen der Natur«, ist ein vielbesuchter Kur- und Urlauberort. Hier wurde 1730 im Kirnitzschtal eine eisenhaltige Quelle entdeckt. Die erste Badeanstalt entstand 1799. Als Kneippkurbad feierte Bad Schandau 1986 sein 50jähriges Jubiläum.

Auf der in Bad Schandau in die Elbe mündenden Kirnitzsch, deren Quellgebiet nahe bei Studánka, ČSSR, liegt, wurde schon im 16. Jahrhundert das in der Hinteren Sächsischen Schweiz geschlagene Holz geflößt. Zu diesem Zwecke wurde die Obere Schleuse 1667 angestaut. Von dort windet sich der forellenreiche klare Fluß 23 Kilometer lang durch ein reizvolles Tal bis zur Elbe. Bootsfahrten auf der von phantastischen Felsgebilden umgebenen 700 Meter langen Schleuse gehören zu den nachhaltigsten Erlebnissen eines Besuches in der Hinteren Sächsischen Schweiz.

Schandau wurde 1430 erstmals genannt. Auch hier entstand hoch über der Stadt eine Burganlage mit Wall, Graben und Zisternen, die Dilich 1627 auf seiner Zeichnung als »Schoumberg« bezeichnete. Seit 1913 befördert ein elektrischer Aufzug Bewohner und Gäste zur 240 Meter hohen Ostrauer Scheibe, einem reizvoll gelegenen Stadtteil, der »Heide über Schandau«, von der man die »rechte Schweiz« bewundern kann, wie es Nicolai schrieb.

Der Große und der Kleine Winterberg, der Falkenstein und die Hohe Liebe, die Schrammsteine und die Affensteinwege sind von hier aus beliebte Wanderziele. Dieses Gebiet ist reich an Stiegen und Steigen: Heilige Stiege, Rotkehlchenstiege, Roßsteig, Wildschützensteig und Wilde Hölle. Auch Burgen und frühgeschichtliche Wohnstätten sind zu nennen: Neue Wildenstein über der Kuhstallhöhle als Vorderes, Winterstein als Hinteres Raubschloß, Arnstein, Rauschenstein und Falkenstein.

Eine archäologische Sensation war 1985 ein Zufallsfund in einer kleinen unzugänglichen Höhle am Kleinen Winterberg. Dort entdeckten Bergsteiger ein tonnenförmiges, als Vorratstopf bezeichnetes Tongefäß aus der Bronzezeit. Die Archäologen rechnen diesen bedeutsamen Fund der Aunjetitzer Kultur aus der Zeit um 1700 bis 1500 v. u. Z. zu. Wieviele solcher Geheimnisse birgt die Sächsische Schweiz noch?

Wandert man von der Goldsteinaussicht in den Kleinen Zschand hinunter, zum Zeughaus und weiter zur Neumann-Mühle, dann hat man den Endpunkt des 15 Kilometer langen »Lehrpfad Flößersteig« erreicht, den Mitarbeiter der Station Junger Touristen in Bad Schandau und des 1957 gegründeten Arbeitskreises »Sächsische Schweiz« der Geografischen Gesellschaft der DDR anlegten. Schrifttafeln geben Auskunft über Land und Leute, über die Geschichte der natürlichen Besonderheiten dieses abwechslungsreichen Teiles des Landschaftsschutzgebietes.

Die Wanderstunden vergehen. Man erreicht müder, aber klüger wieder den Ausgangspunkt Bad Schandau. Dort sollte man noch dem Heimatmuseum in der Bad-Allee und dem 3500 $m^2$ großen, 1900 angelegten Pflanzengarten einen Besuch abstatten. Hier erfährt man, daß die Sächsische Schweiz zu den farnreichsten Gebieten in Europa gehört.

Nur noch etwas mehr als sechs Kilometer bringt uns nun der Dampfer zur Endstation Schmilka, vorbei an den hochaufragenden Wänden der dereinst für berühmte Bauten gutes Sandsteinmaterial liefernden Brüche.

Zuvor aber passieren wir im idyllischen Postelwitz die Fassaden schöner Fachwerkhäuser, unter ihnen die der »Sieben-Brüder-Häuser«, die ein sicher nicht unvermögender Schiffseigner für seine Söhne bauen ließ.

Wie in den meisten Elborten zwischen dem Eingangstor Pirna und Schmilka feiern seit 1612 auch die Postelwitzer ihre Schifferfastnacht mit bunten, phantasiereichen Umzügen, mit den Fleckenmännern mit Pritschen und den Heischebräuchen.

Postelwitz gegenüber liegt an der Krippenbach-Mündung der freundliche Ferienort Krippen, ein ehemals wichtiger Elbhandelsplatz, der 1379 als »Krippein« erstmals erwähnt und in dem 1833 der erste hölzerne Rumpf eines Elbdampfers gebaut wurde, der 1000 Zentner faßte und zwischen Dresden und Hamburg verkehrte. Hat man in Krippen den inhaltsreichen Ortslehrpfad studiert, gibt es weitere schöne Aufstiege zum Zirkelstein, zur Kaiserkrone, zum Wolfsberg und zu den Zschirnsteinen. Die Orte Reinhardtsdorf, mit einer sehenswerten reich ausgemalten Kirche, Schöna und

Kleingießhübel liegen sehr reizvoll in der Nähe dieser aussichtsreichen Berge.

Vorbei an »Städt und Schloß gar viel« ist unsere abwechslungsreiche Schiffsreise im Grenzort Schmilka. Hier beginnen die Bergwanderungen ins Vordere und Hintere Schrammsteingebiet oder hinüber ins »Labské piskovce« in der ČSSR, das 1972 ebenfalls zum Landschaftsschutzgebiet (290 km$^2$) erklärt wurde. Über dem tschechoslowakischen Grenzort Hřensko lockt das weltbekannte Prebischtor (Pravciká brána), eine Natursandsteinbrücke von 26,5 m Breite und 16 m Höhe. Es locken aber auch beschauliche Bootsfahrten auf der »Stillen Klamm« (Tichá souteska) im Kamenice-Tal. Der hier 1975 ausgebaute »Naturlehrpfad der Freundschaft ČSSR–DDR« bildet sogleich auch ein Teilstück des »Internationalen Bergwanderweges der Freundschaft Eisenach–Budapest«.

## Ein bewegtes Meer von Erde

Sachsen ist ein herrliches Land, Bruder!«, schrieb schon vor langer Zeit der reiselustige Franzose Johann Kaspar Riesbeck. Großartig sei dort beiderseits des schönen Elbestromes das »Saxon Switzerland«, fügte eine weitgereiste Engländerin hinzu.

Elbsandsteingebirge nannte man diese Landschaft im Süden unseres Landes im Hinblick auf ihre Lage und geologische Beschaffenheit. Aus der Zeit der Romantik stammt der Name Sächsische Schweiz. Beide Namen wurden populär und haben ihre Berechtigung.

Die Sächsische Schweiz wurde 1956 zum Landschaftsschutzgebiet erklärt, sie ist eingebettet zwischen den Granitbergen der Lausitz im Nordosten (eine Granitüberschiebung – Lausitzer Störung – ist als bedeutendes Naturdenkmal an der Wartenbergstraße westlich von Hohnstein sichtbar), dem Elbtalschiefergebirge und den Gneisen des Osterzgebirges im Westen und wird im Süden von der Staatsgrenze zur ČSSR begrenzt.

Die höchsten Erhebungen sind der 562 Meter hohe Große Zschirnstein links und der 552 Meter hohe Große Winterberg rechts der Elbe. Die Höhen der anderen Berge liegen zwischen 350 und 450 Meter ü. NN. Sie alle überragt der 726 Meter hohe Děčinský Sněžnik (Hoher Schneeberg) in der ČSSR.

Dieser bizarren Landschaft mit ihren Tafelbergen, Felsschluchten, Tälern, Felsrevieren und Ebenheiten blieb der literarische Ruhm nicht versagt. Ihre früheste dichterische Beschreibung lesen wir in einem 1539 von Gunter Strauß verfaßten protestantischen Spottgedicht auf die Heiligsprechung des Meißner Bischofs Benno.

Ein lustig Au, vom Böhmerland
bei sieben Meil, streicht durch den Sand
drin liegen Städt und Schloß gar viel
nur etlich itzt ich nennen will.
Der Königstein ist ein hohes Haus
Nah an der Grenz, da sieht man aus.
Den Lilgen und den Pfaffenstein,
auch ander Berg do seind gemein.
Pirn, Schloß und Stadt dem folget bald.

Üblich waren seinerzeit solche Landschaftsschilderungen nicht, denn noch vor 500 Jahren sah man in den Bergen »eine grobe Sache, pfui! Sie fügten sich in kein ästhetisches System ein, unüberwindlich und frech lagen sie da, roh, unbehauen«, wie Kurt Tucholsky es so trefflich formuliert.

Für die Menschen aus den Dörfern und Städten des Gebirges war die »lustig Au« in kriegerischen Zeiten eine lebensbewahrende; denn die wenig zugängliche Bergwelt bot ihnen und ihrem Vieh Schutz in den Schluchten und Höhlen.

Den langen Reigen der engagierten Beschreiber des Elbsandsteingebirges eröffnet der Magister Christian Gerber Ende des 17. Jahrhunderts aus Lockwitz bei Dresden: »Von Pirna weiter hinauf biß Königstein und Schande, stehen die hohen Sand-Felsen an der Seite der Elbe, sind an vielen Orten von Wetter ausgewaschen, daß rechte hölen darinnen zu sehen seyn. Ein Niederländer, Holl= und Engelländer, der dergleichen in seinem Vaterland nie gesehen, würde sich sehr verwundern, wenn er diese Wunder der Natur zu betrachten dahin käme.«

Im Auftrag des Kurfürsten Johann Georg IV. verfaßte der Festungs-Leutnant C.F. Buchhäuser 1692 eine Schrift über die »Chur-Sächsische Vestung Königstein«, in der er auch ihre Umgebung beschrieb. Hanns Friedrich Flemming, »geboren auf der weltberühmten Festung Königstein, auf welcher sein seliger Vater die Ehre hatte, bis an seinen Tod Commandant zu sein und auf welcher er erzogen wurde«, beschrieb 1721 das Gebirge: »Da man Felsen, Klippen, Wacken und größere Steine antrifft. Dieselben sind von einer wunderbaren Gestalt. Einige sind wie runde Kuchen oder Brote übereinandergeschichtet, andre haben eine kegelförmige Gestalt, noch andre sind wie Treppen formieret, sodaß man staffelweise auf denselben aufsteigen kann. Wenn man sie von weitem erblickt, so gleichen die Felsengebirge großen Städten und Schlössern, und geben dieselben bei hellem Wetter ein gar besonderes Ansehen.«

Vom Hohnsteiner Magister Johann Michael Weise erschien 1729 die »Topographie, oder historische Beschreibung des Churfürstlich Sächsischen Amtes, Schlosses und Stadt Hohnstein«. »Die Gestalt und das Ansehen dieses Strich Landes ist nicht unangenehm«, heißt es da. »Es gibt schöne und lustige Gegenden, als man an vielen Orten nicht leicht finden mag. Es ist alles mit Bergen, Thälern, Wiesen, Feldern, Wäldern und Fischreichen Bächen wohl distinguiret, durchgehend wohl bewohnet und angebauet. Man hat feine nahrhafte Städte, deren im Ober=Amte sich viere befinden.« Zu den Seltsamkeiten zähle man hierorts die Berge, »aber weil derselben viel, so macht man kein Werck davor«.

Der Berliner Kupferstecher und Zeichner Daniel Chodowiecki unternahm 1789 eine dreiwöchige »Lustreyße« zu Pferd von Berlin über Dresden zum Königstein: »Rechter Hand hatten wir ungeheure Felsen= Klumpen, linker Hand die Pyrinschen Steinbrüche und mitten inne fürchterliche Abgründe.« Am Ende seiner Reise resümierte er doch, daß »alles dieses zusammengenommen eine sehr schöne Landschaft macht«.

Von den ersten Nachrichten über den undurchdringlichen »behemischen Walt« war es ein weiter Weg bis zu den erstaunten und endlich schwärmerischen Lobpreisungen der Schönheit der Bergwelt, die in der Zeit der Romantik entdeckt wurde. »Seitdem sind viele Theorien des Schönen gesungen worden, aber Bewunderung war doch immer der Unterton. Das Romantische, das Malerische, das Sentimentale, Heroische, das Idyllische – so viele Bilder, so viel Hymnen, so viel Beschreibungen, so viel Verzückte«, meint Tucholsky dazu.

Auch der Dichter Heinrich von Kleist fand während seines Dresden-Aufenthalts bei Familie Körner in einem Brief an Karoline von Schlieben 1801 malerisch beschreibende Worte über das Elbsandsteingebirge: »Ich sehe die Elbhöhen, die in einiger Entfernung, als ob sie aus Ehrfurcht nicht näherzurücken wagten, gelagert sind und gleichsam von Bewunderung angewurzelt scheinen – und die Felsen im Hintergrund von Königstein, die wie ein bewegtes Meer von Erde aussehen und in den schönsten Linien geformt sind, als hätten da die Engel im Sande gespielt.«

Der Dichter des »Zerbrochnen Krugs« würde sicher geschmunzelt haben, hätte er 100 Jahre nach seinem »engelhaften« Vergleich im Gästebuch der Bastei die von »Mutter R. aus Dräsden« verfaßte deftig-sächsische Version gelesen, in der sie sogar den »Deiwel« mit ins Spiel brachte:

Nee härnse, die Klifte, die Schlinde, die Schbalden,
das is ja gaum für meeglich ze halden,
das is ja grade, weeß Knebbchen, hier owen,
als hädde der Deiwel Gegel geschowen.

Der dänische Märchendichter Hans Christian Andersen unternahm ebenfalls eine Reise in das Elbsandsteingebirge, die er 1831 wie folgt beschreibt: »Ich sehnte mich auch nach der sächsischen Schweiz. Wir stiegen stufenweise tiefer in ein Tal hinab; es war der Ottowalder Grund. In der wunderbarsten Gestalt erhoben sich hier die Felswände an beiden Seiten, herrlich bewachsen mit Kräutern und buntem Moos. Die ganze Natur war eine große lyrische Dichtung in jedem möglichen Versmaß. Der Bach zankte in den vortrefflichsten Jamben über die vielen Steine, die ihm im Wege lagen, die Felsen standen so breit und stolz da wie respektable Hexameter.«

Und bei all den herrlichen Aussichten, die er von der Bastei und dem Lilienstein genoß, dachte er: »Wenn nur dies Ganze kein Traum ist!«

Die Einwohner des Dorfes Lenz bei Großenhain in Sachsen glaubten aber bestimmt zu träumen, als sich ihnen am 11. September 1895 nachmittags gegen 3 Uhr »nach Pulsnitz zu« die ganze Kette der Sächsischen Schweiz, vom Pfaffenstein, der aus einem Dunstschleier emporstieg, bis zum Großen Winterberg, als Fata Morgana zeigte: »In wunderbarer Klarheit traten, vom Sonnenlicht hell bestrahlt, besonders der Lilienstein und der Königstein hervor, letzterer wie ein Gebilde aus weißem Marmor. Es ist unmöglich, die Zartheit und die fesselnde Eigenart dieser Lufterscheinung genügend zu beschreiben«, berichteten Augenzeugen dieses in unseren Breiten seltenen Naturschauspiels.

Richard Wagner rühmte »einen Ausflug in die Sächsische Schweiz und namentlich eine bei schönstem Sommerwetter fast gänzlich durchwachte anmutige Nacht im Bad zu Schandau« als »die liebste, fast einzige Erinnerung an heiter beglückendes Dasein« aus seiner Jugendzeit, und auf der Ditterbacher Höhe hätte er im Angesicht der schönen Bergwelt »gelohengrint«!

Die klassischen Schilderer der Sächsischen Schweiz waren Carl Heinrich Nicolai, Pfarrer, »Prediger an der Grenze dieser Schweiz in Lohmen«, dem damaligen Eingangstor zur Sächsischen Schweiz, und Wilhelm Lebrecht Götzinger, ab 1811 Pfarrer in Neustadt/Sa.

Von Götzinger erschien bereits 1786 in Freyberg »Geschichte und Beschreibung des Chursächsischen Amts Hohnstein mit Lohmen, insbesondere der unter dieses Amt gehörigen Stadt Sebnitz«. Sein Amtsbruder Nicolai veröffentlichte 1801 in Pirna einen »Wegweiser durch die Sächsische Schweiz«. Er war der Sohn eines Berliner Schuhmachers, ein fleißiger und fast universell begabter Mann. Von ihm stammt eine Anweisung über die »Anlegung von Blitzableitern«, die er an seinem Pfarrhaus und an anderen Lohmener Häusern ausprobierte. Er verfaßte auch einen »Wegweiser durch den Sternhimmel« und veröffentlichte außerdem Schriften »Über die Seidenraupenzucht« und »Über den Hund«. Er war Ehrenmitglied der »Leipziger Ökonomischen Gesellschaft« und machte sich um die Einführung des Kartoffelanbaus im Meißner Hochland, wie die Sächsische Schweiz früher genannt wurde, verdient.

Das Verdienst, ein heute noch lesbares Standardwerk über die Sächsische Schweiz herausgegeben zu haben, wo er auch geboren wurde (Struppen), gebührt Götzinger. Er veröffentlichte 1804 und 1812 in Bautzen »Schandau und seine Umgebung oder Beschreibung der sogenannten Sächsischen Schweiz« – »Nebst 8 Kupfern und einer Reisecharte«, die selbst zu entwerfen er gewagt hatte.

In den »Vorerinnerungen« heißt es: »Über den Winterberg und Kuhstall bis Hinterhermsdorf und an die Böhmische Gränze hinauf, auf der Königsteiner Seite bis über Rosenthal und wieder an die Böhmische Gränze hinauf, und in dem nördlichen Theile bis auf den Falkenberg, hat die Natur so viel Außerordentliches und Schönes aufgestellt, welches den Charakter noch deutlicher und auffallender an sich trägt, den man durch die Benennung ›Schweizerisch‹ ausdrücken will.« Er gebe auch die Versicherung, die Gegenstände, welche er beschreibe, mehr denn einmal bereist und genau untersucht zu haben.

Nicolai und Götzinger »waren diejenigen, die zuerst die Blicke der Fremden auf diese Gegenden leiteten«, steht auf einer Tafel an dem Felsen »Steinschleuder« neben der Basteibrücke. Sie gilt »Dem Andenken zweyer ehrwürdiger Männer«, angebracht von sämtlichen verpflichteten Führern Anno 1834. (Der Vergleich mit der Schweiz galt nicht den dortigen alpinen Regionen, sondern bezog sich allgemein auf die romantische und abwechslungsreiche Landschaft dieses Berglandes. Besonders aber meinte man die morphologisch ganz ähnlichen Tafelberge des sog. Schweizer Tafeljuras im Südwesten von Basel.)

Nicolai schrieb, daß man die Steine nicht sehen könne, »ohne mit Bewunderung und Erstaunen erfüllt zu werden und ohne tausendmal die Frage zu wiederholen: Wie müssen sie ihre Höhe, Gestalt und Bildung erhalten haben? Daß ehedem Meeresgrund hier gewesen ist, ist wohl keinem Zweifel mehr unterworfen: denn man findet in dem Sandstein mancherlei Abdrücke von Muscheln, Schnecken u.a.m.« Man fand und findet noch immer Abdrücke von Seeigeln, Seesternen, auch Reste von Haifischzähnen und andere Fossilien. Der Fund der »Austernplatte« in den Wehlener Steinbrüchen ist in die Literatur eingegangen.

Lassen wir die Geologen eine Antwort auf Nicolais Frage geben: In seiner Arbeit »Geologie des Elbsandsteingebirges« schreibt Hans Prescher: »Das letzte System des Erdmittelalters ist die Kreidezeit. Ihr Beginn wird mit großer Übereinstimmung vor 130 Millionen Jahren, ihr Ende vor 60 Millionen Jahren gesetzt. Sie umfaßt demnach einen Zeitraum von 70 Millionen Jahren. Aber nur etwa ein Siebentel dieser Zeitspanne bedeckte die Elbtalzone ein Meer, und dennoch verdankt dieser relativ kurzen Zeit das Elbsandsteingebirge seine Entstehung.«

In P. Wagners Arbeit »Vom Meeresgrund zum Gebirge« (1931) lesen wir: »Es gibt kaum ein Gebirge in Deutschland, das in so mannigfaltiger Form die schöpferische Tätigkeit des Wassers zeigt wie unser Elbsandsteingebirge. Im Wasser schichtete sich Sandkorn auf Sandkorn; Wasserlösungen trugen zur Steinwerdung des Meeresbodens bei; Wasser schuf, indem es seine eigene Schöpfung zerstörte, ein Trümmerfeld, das an Schroffheit der Berg- und Talformen ein kleines, aber nicht weniger malerisches Abbild der Dolomiten darstellt – eine Gebirgswelt, die Wildes und Liebliches auf engem Raum vereint.«

Und aus Wagenbreth/Steiners »Geologische Streifzüge« erfahren wir, daß »... die wichtigsten erdgeschichtlichen Ereignisse im Elbsandsteingebirge nach der Kreidezeit die Abtragungsvorgänge waren, die schließlich die markanten Wände und ›Steine‹ modelliert haben. Ehe diese ihre heutige Form erlangten, ist für die Zeit des Tertiärs eine Rumpffläche im Niveau der Oberfläche der höchsten ›Steine‹ anzunehmen. Sicher aber floß auf dieser alten Rumpffläche die Ur-Elbe träge in großen Windungen von Südost nach Nordwest. Als sich das Elbsandsteingebirge im Tertiär gleichzeitig mit dem Erzgebirge hob, konnte die Elbe ihren gewundenen Lauf nicht verlassen, sondern mußte sich ihr tiefes Tal diesen Windungen folgend einschneiden. So erklären sich wohl die Bögen der Elbe um den Lilienstein und bei Wehlen.« Diesem Vorgang also verdanken wir einen der schönsten Abschnitte des Elblaufs durch das Gebirge. Und ohne frösteln zu müssen, nehmen wir dann noch zur Kenntnis, »daß während der ersten Vereisung im Pleistozän eine Eiszunge im Elbtal vorgedrungen sei und vermutlich im Raum Bad Schandau zum Stillstand kam, wovon dort ein ›Eiszeitmarkierungsstein‹ zeugt!«, der »100 Jahre nach der Anerkennung der Inlandeistheorie des Schweden Otto Torell« 1976 aufgestellt worden ist.

Namhafte Wissenschaftler befaßten sich mit der Geologie des Elbsandsteingebirges. Neben dem berühmten Georgius Agricola gehörte zu ihnen Johann Friedrich Wilhelm von Charpentier mit seinem Werk »Mineralogische Geographie der Chursächsischen Lande« und einer ersten geologischen Karte. Zu den ersten Karten über diesen Landstrich kann man die farbige Zeichnung des Musiklehrers Hiob Magdeburg zählen, der 1566 die »Duringische und Meißnische Landtaffel« zeichnete. Carl Friedrich Naumann erarbeitete gemeinsam mit Bernhard von Cotta eine »Geognostische Spezialkarte des Königreiches Sachsen 1:120000«. Hanns Bruno Geinitz schrieb über viele von ihm gesammelte und bestimmte Fossilien in seiner Arbeit »Das Elbthalgebirge« (1871/75). Von Carl August v. Gutbier, der sich während seiner Unterkommandanten-Zeit auf der Festung Königstein (1853/63) mit der Geologie des Gebirges befaßte und 1858 in Leipzig die »Geognostischen Skizzen aus der sächsischen

Schweiz und ihrer Umgebung« herausgab, stammt auch eine 1863 erschienene Panorama-Karte vom Königstein.

Otto von Odeleben schuf die »Topographische Karte der Gegend von Hohnstein und Schandau oder des besuchtesten Teiles der sogenannten Sächsischen Schweiz« (1823/30). Sie ist für das 19. Jahrhundert die bedeutendste Karte dieses Gebietes. Ohne daß er einen offiziellen Auftrag hatte, bearbeitete er in vier Sommern, in »134 Arbeitstagen ein Gebiet von 174 $m^2$ auf zwei Meßtischplatten«. »Oft gewährte ein einzelner Felsblock kaum Raum für das dreibeinige Meßtischlein auf luftiger Höhe, aber welche Schönheiten des Anblicks entfalteten sich vielleicht von einem solchen wenig bekannten Punkte!« Einer seiner Meßstandpunkte war der damals dem Schönaer Bauern Füssel gehörende Zirkelstein (385 m), der 100 Stufen in den Felsen zum Plateau aushauen ließ und dort oben 1842 auf kleinstem Raum ein Blockhäuschen baute, um Speis und Trank anbieten zu können. Odeleben war begeistert und schrieb, daß dieser gezirkelte Stein »als Symbol der Mathematiker und Geometer dienen könne«.

## Pittoresk heißt malerisch

Die Entdecker der Schönheiten dieser Landschaft waren die Maler und Kupferstecher des 17., 18. und 19. Jahrhunderts. Der kursächsische Oberlandbaumeister Wilhelm Dilich zeichnete als erster die Städteansichten von Pirna, Hohnstein und Schandau. Dilich malte »im Gebürg. Immer ist jedes Bild fein charakterisieret mit Hervorhebung der Stimmung der Gegend«. Er war der erste Künstler, der nicht so überwältigt von den »fürchterlichen Schluchten und bizarren Felsen« war, als daß er nicht den Mut fand, in dieser »schrecklichen Landschaft« zu zeichnen. Später folgten Caspar Merian, der Kupferstiche vom Königstein machte, und Johann Alexander Thiele, der 1738 zum Hofrat ersten Ranges am Dresdner Hof ernannt wurde und großformatig auch die Burgruine Wehlen darstellte.

Er malte auch die Burg Rathen: »Ein schöner Prospekt bey dem alten Schlosse Raden mit sehr fremden Felsen, nach dem Leben gemalt.« Zu seinem Liliensteinbild schrieb er: »Ein Prospekt von der Ecke des sogenannten Liliensteins bey Königstein. Hier hat Friedrich August I. in allda aufgesetzter Lauberhütte Tafel gehalten, auch mit 12 hohen Ministris nach Verfertigung einer Treppe den Felsen bestiegen. Es wird dieser Berg heute (1742) noch öfters von Passagieren besuchet.« Thieles Gemälde waren beliebt, doch häufig spürte er »den Drang in sich, die Natur zu verbessern«, wie S. Ruge bemerkte, »da ihm die Natur selten schön genug war, so ist er nicht immer getreu ...«. Auf Thieles Gemälden »ließen die Elbufer überall Gärten sehen, voll Obst und Gemüse, deren Beförderung in Kähnen, Flößen und Barken die ›Thieles‹ belebt«. Adrian Zingg wurde 1766 an die Dresdner Kunstakademie berufen und wanderte mit dem Porträtmaler Anton Graff des öfteren ins Gebirge, um dort zu zeichnen. Die während eines Jahres geschaffenen Stiche und Radierungen bot der Meister selbst auf der Leipziger Messe an.

Der Italiener Bellotto, genannt Canaletto, lebte seit 1746 in Dresden, wurde dort 1748 zum Hofmaler ernannt und schuf die berühmten Veduten von Dresden, Pirna und der Festung Königstein. Während man ihm 1760 noch erlaubte, das Interieur der Festung nach Belieben zu malen, hatte Zingg 1766 am Königstein einigen Ärger mit den Festungsmilitärs. Zingg logierte in der Neuen Schenke unterhalb des Königsteins und zeichnete begeistert vom wundersamen Anblick dieser Felsenfestung. Dabei fiel er eines Tages einem Streifenführer auf und wurde nach seiner Legitimation gefragt, die er zu seinem Nachteil nicht vorweisen konnte. Dem Unterkommandanten der Festung, Oberst Hans Sigismund von der Pfordte, gefiel das ganz und gar nicht, so daß er flugs den Gerichtsvoigt Jahn in der Stadt Königstein aufforderte, im Falle des mutmaßlichen Spionage-Malers Zingg alle »praecautiones« zu nehmen. »Bey Untersuchung seiner bey sich habenden Scripturen war noch dazu befunden worden, daß er allbereits den Lilienstein, alle vier Seiten der Vestung und die Passage über die Elbe bey der Ziegelscheune, wo unsre Armée ao 1756 darüber gegangen, aufgenommen« habe. Diese »staatsgefährdenden Skizzen« wurden dem Amte zu Pirna übergeben. Dort entschied ein offenbar kunstsinniger Beamter, daß der »Arrestante alsofort wieder auf freiem Fuß zu stellen« sei und der Künstler auf dem Wege zur glücklichen Heimkehr nach Dresden seine Arbeiten im Pirnaer Amte gefälligst wieder abholen könne. Später erhielt Zingg eine kurfürstliche Malgenehmigung für »die ihm gefälligen Gegenden hiesiger Lande«, ausgenommen der Festung Königstein!

Ein anderes Erlebnis hatte dagegen 1853, die Eisenbahnstrecke war gerade drei Jahre alt, der Vater der Landschaftsfotografie Hermann Krone. Er hatte mit seinem »Aeppelwagen«, wie er selbst erzählt, nebst allen fotografischen Utensilien, auf einer Landschaftstour auch Königstein erreicht, um dort ein »recht hübsches Bild der Festung Königstein vom Bahnhof aus zu machen«. Der Bahnhofsinspektor hatte Krone sogar gestattet, seine Apparatur zwischen den Gleisen aufzustellen, da damals die Zugfolge noch nicht der heutigen entsprach. »Das Bild war eingestellt, eben wollte ich die Platte präparieren, als man mir zurief: ›Schnell den Apparat weg! Ein Extrazug kommt!‹« Das war noch einmal gutgegangen. Als er 19 Jahre später es noch einmal probieren wollte, passierte folgendes: »Ich hatte meinen Apparat auf einer Lowrie fest und sicher aufgestellt, als ein mich in jenen Tagen aufs Aergste belästigender Sturmwind den Apparat umwarf und zertrümmerte, so daß mir gar nichts weiter übrig blieb, als zusammenzupacken und nach Dresden zu fahren, um dort sofort die Camera zum Tischler zu schaffen!«

Doch bleiben wir bei den Malern! Carl August Richter, der Vater Ludwigs Richters, war Zinggs Nachfolger an der Dresdner Akademie. Von ihm und Johann Carl August Richter stammen eine Reihe von Radierungen aus der Sächsischen Schweiz und die 1820 herausgegebenen »70 mahlerischen An- und Aussichten der Umgebung Dresdens in einem Kreis von sechs bis acht Meilen«. Schon als Junge von 10 Jahren begleitete Ludwig Richter seinen Vater begeistert in die romantische Bergwelt. Er fand dabei wie auch von seinem Paten Adrian Zingg Anregungen, selbst zu malen, in so früher Zeit unter dessen Vornamen Adrian.

Wer kennt nicht Ernst Erwin Oehmes berühmtes Ölgemälde »Steinbruch in der Sächsischen Schweiz«, das er 1860 schuf? Oder Caspar David Friedrichs »Felsenschlucht«, das 1823 entstand? In seinen umfangreichen grafischen Werken befindet sich auch eine Steinbruchdarstellung von 1813 aus einem Bruch bei Krippen. »Die Frage nach dem Wesen dieses Materials ›Stein‹, das ihn, den Nichtbildhauer, so fasziniert, führt ihn nicht bloß ins Gebirge, sondern auch in die Steinbrüche.« Um 1828 zeichnete Friedrich vom Lilienstein aus den Königstein. Zur Wiederkehr des 300. Todestages Albrecht Dürers malte er für das Nürnberger Erinnerungsalbum ein Aquarell mit dem »Heldenstein bei Rathen« (Felsstein=Talwächter). Die romantische Burg Hohnstein malte er als Ölbild 1827.

Der bereits erwähnte Götzinger gab schon 1786 eine »Sebnitzer Chronik« heraus. Der Kunstverleger Karl August Engelhardt, der gemeinsam mit dem Kupferstecher Johann Philipp Veith 1794 die »Malerischen Wanderungen durch Sachsen« herausgegeben hatte, fand in dieser Chronik »in einem nur elf Blätter starken Kapitel, überschrieben mit: ›Merkwürdigkeiten der Gegend‹, die ersten Nachrichten vom Kuhstall, Winterberg, Hokstein etc.«, welche ihn so ergriffen hätten, daß er im Sommer 1792 binnen acht Tagen schon mit seinem Freund, »dem trefflichen Kupferstecher Veith«, eine Reise zu den »Merkwürdigkeiten« unternahm. Engelhardt führt weiter aus, daß es auch nicht unerinnert bleiben dürfe, »daß früher schon Zingg und Günther, auch Klengel, dann und wann Ansichten aus den fraglichen Felsengegenden auf die jährlichen Kunstausstellungen gaben, ohne daß es jedoch den Besuchern einfiel, die Originale aufzusuchen«. Er lehnte es auch ab, »sein Andenken durch eine Felsinschrift in der sächsischen Schweiz verewigt zu sehen, ... weil ihm ein solches in den Felsen zu grabendes Namensregister wie ein stiller, aber gewiß nicht ungerechter Vorwurf erscheinen würde, daß die Sachsen die denkwürdigsten Naturschönheiten ihres Vaterlandes, welche noch dazu ihrer Haupt- und Residenzstadt so nahe liegen, nur erst seit einigen Dezennien kennen und achten gelernt zu haben schienen«.

Zu dem Kreis um Klengel und Zingg gehörte wie gesagt auch Christian August Günther, der in Pirna geboren worden war und mit J. J. Brückner von 1797 bis 1806 vier Hefte mit dem Titel »Pittoreskische Reise durch Sachsen oder Naturschönheiten sächsischer Gegenden auf einer gesellschaftlichen Reise, gesammelt von Brückner und Günther«, Leipzig 1797, mit 30 Kupferstichen, herausgab. Auch den aus Norwegen stammenden Maler Johan Christian Claussen Dahl zog es 1818 nach Dresden und in das Elbsandsteingebirge. Mit C. D. Friedrich wanderte und malte auch Carl Gustav Carus, dessen Name seit 1954 die Medizinische Akademie in Dresden trägt, denn er war »Arzt, Naturwissenschaftler, Psychologe, Maler, genialer Interpret von Kunstwerken und Dichtungen, Schriftsteller beträchtlichen Grades«. Er schrieb »Neun Briefe über die Landschaftsmalerei«, mit denen er der Malerei der Romantik die theoretische Grundlage gab. Carus schickte Goethe, mit dem ihm seit 1818 eine herzliche Freundschaft verband, ein Bild als »eine Erinnerung an die Eigentümlichkeiten der Sandsteingebirge oder sogenannten Sächsischen Schweiz«. Carus reizte die Darstellung der »wunderbaren Wirkungen des Mondlichts auf diesen gewaltigen Felsmassen. Man sage nicht, daß man die ganze Wirkung des Mondlichts kenne, wenn man es nicht über eine solche Natur gebreitet gesehen hat«, schrieb er nach einer Übernachtung auf der Bastei. Es sei »gespensterhaft, wenn man im dunkelsten Schatten steiler Felsenwände sich gegenüber die bleich und hellbeschienenen Wände betrachte«, und wer »die eigentümliche Bergnatur aufsucht, der möchte manchen erfreulichen Beitrag finden zu der mondbeglänzten Zauberwelt, die den Sinn gefangen hält«.

Der Maler und Dresdner Akademieprofessor Robert Sterl wählte sich 1919 ein schönes Haus mit baumreichem Garten zum ständigen Wohnort. Es lag am Berghang in Naundorf, nahe dem linkselbisch gelegenen Wehlener Ortsteil Pötzscha. »Ich freue mich sehr auf die Stromereien in die Umgebung, denn landschaftlich ist es ein schönes Stück Erde«, schrieb er nach seinem beschwerlichen Umzug ins Gebirge im Sommer 1919 an Dr. Hans Posse, seinen Freund, den Direktor der Dresdner Gemäldegalerie. »Schwächliche Pferde, die keinen Berg nehmen konnten, schlechte Wagen ohne Bremszeug«, klagte er. Es zog ihn in diese Landschaft, den Sohn eines Steinmetzen, der den arbeitenden Menschen immer zum Gegenstand seiner Arbeiten wählte; seien es die Elbarbeiter, die Arbeiter in den Steinbrüchen, die Wolgatreidler, die Petersburger Kohlefahrer oder die Lastträger in den Häfen, wie er sie während seiner drei Rußland-Reisen (1908, 1912/13 u. 1914) kennenlernte. Er schöpfe »mitten aus dem Leben lieber als nur aus diesen Idealen der Kunst« , schrieb der Künstler an seinen Freund Göhre 1888. »Erst Robert Sterl hat das Arbeiten im Steinbruche so gemalt, daß es ihm bisher niemand gleichtun konnte, so daß er diese reizvolle, aber schwierigste Aufgabe einer wirklichkeitsnahen Malerei, die zuletzt noch zu lösen offen blieb, allein glänzend gemeistert hat: die belebte Landschaft, die Landschaft als Umgebung des tätigen Menschen, als Raum des bewegten Menschen. Sein unbestechliches Auge, ein schon virtuoses Können und ein guter Geschmack ließen Werke von edler Schönheit und innerer Größe entstehen.« Sein Haus am Elbhang, sein Atelier und die Grabstätte des Ehepaares Sterl sind als Gedenkstätten heute jedermann zugänglich.

Sterl entdeckte auch die malerischen Talente der »nahezu legendären Gestalt der Dresdner Malerei« Bernhard Kretzschmar. Als Direktor der Festung Königstein lud ich ihn 1970 zur Eröffnung einer Ausstellung anläßlich des 15. Jahrestages des Festungs-Museums ein. Er kam mit seiner Frau Hilde Stiljanow, die ebenfalls Malerin war. Ich ermunterte ihn zu einem Sächsische-Schweiz-Bild für die Sammlung des Museums. Befragt, weshalb es bisher kaum Sächsische-Schweiz-Motive von seiner Hand gäbe, antwortete er ehrlich in seinem unverwechselbaren Sächsisch: »Ach, weeßte, ich hatte nie so de rechte Traute. Vielleicht war mer de Schweiz och immer ä bißl zu scheen, um in ihr landschaften zu geh'n!« Mein Angebot, ihm eine »Malstube« auf der Festung einzurichten, nahm er freudig mit »Ich-kennt's-echendlich-mal-probier'n« an. Leider wurde nichts mehr daraus. Zwei Jahre nach diesem Besuch starb er.

Es war nicht nach dem Geschmack vieler Dresdner Maler, im Gebirge malen zu gehen. Nicht viele waren überzeugt, »daß man in der grauen Felsenlandschaft des Elbsandsteingebirges ein ›rechtes‹ Bild malen könne. Viele fanden die Landschaft zu gegenständlich und schon von Natur aus ›ungünstig komponiert‹, zu abgegriffen, zu bekannt, kurzum künstlerisch nicht anregend«, wie es der Dresdner Maler Karl Kröner ausdrückte.

Auch der weitgereiste Maler, Geologe und Prähistoriker Eugen Bracht hätte sich anfangs nur schwer eingemalt, was ihn zu der Äußerung führte, »daß man diese Landschaft nicht gewissermaßen in der Pinselspitze habe, vielmehr müsse man sie sich erst durch eindringliche Einfühlung erringen, doch um sie zu ringen, lohne es sich«! Wie das farbenprächtige Bild »Elbsandsteingebirge« (Schrammsteine in den Wolken) von Otto Dix zeigt. Seine Landschaften »geben keine Abbilder, sondern Konzentrationen und Steigerung der Wirklichkeit«. (F. Löffler)

Über die malerischen Reize der Sächsischen Schweiz gab es nicht immer Übereinstimmung. O. E. Schmidt, der Verfasser der mehrbändigen »Kursächsischen Streifzüge« schrieb darin 1928, »daß die Schönheit der Sächsischen Schweiz durch die Steinbrucharbeiten und den übergroßen Zulauf etwas abgeblättert« sei. Auch läge die »etwas einförmige Bizarrerie des Sandsteingebirges überdies von der modernen Kunst und dem modernen Landschaftsideal weit abseits«. Das konnte nicht unwidersprochen bleiben.

S. Ruge setzte dagegen: »Und was das moderne Landschaftsideal betrifft, das der allermodernste und übermodernste Farbenkünstler nicht mehr in der sächsischen Schweiz findet oder nicht zu finden glaubt, so kann man nur den Maler bedauern, aber nicht die ewig schöne Natur!«

Farbig und abwechslungsreich war und ist das Elbsandsteingebirge seit eh und je. Immer mehr Maler zog es in seinen Bann. Die Kontraste zwischen Licht und Schatten, die stimmungsvolle Atmosphäre der Tages- und Jahreszeiten, die Wälder und Ebenheiten, die Berge und Täler, die malerischen Windungen des Elbstroms lockten die Künstler zum Zeichnen und Malen. Später entdeckten auch die Fotografen ihre Reize, denn Alexander von Humboldt betrachtete als »eine der freuendsten und bewunderungswürdigsten Entdeckungen« seiner Zeit die Fotografie, wie er 1839 an Carus schrieb.

Nicht nur der Sommer offenbart die Unverwechselbarkeit dieser kleinen Bergwelt. Wenn im Herbst der Verlauf des Elbtals, der Täler und der Schluchten, von den Rauchzeichen der emporsteigenden Nebelschwaden markiert wird und sich die dunklen Steine über den durchsichtigen Flächen der Wälder, den weißen Ebenheiten und den eisgepanzerten, von dicken Schneehauben bedeckten Felsen noch plastischer zeigen, dann versteht man, daß immer mehr Menschen diese auch im Winter »farbige« Landschaft besuchen.

## Die Schweizführer waren rechte »Gakenluder«

Nach den nun mehr und mehr bekannt gewordenen Bildern von dieser einzigartigen Landschaft wollte man sie selber kennenlernen, denn »diese reitzende Gegend will nicht beschrieben, sondern gesehen seyn«. Der Fremdenverkehr begann zwischen 1780 und 1837 erst zögernd und zunächst mehr für Privilegierte.

Die klassische Reiseroute führte von Dresden über Pillnitz, Graupa, Liebethal, Lohmen zur Bastei, auf der erstmalig am Pfingstsonntag 1812 der Fleischer Pietsch aus Lohmen Getränke, Wurst und Brot anbot. Auf dem weiteren Weg mußte man sich schon selbst versorgen. Wollte man übernachten, hatte man Schwierigkeiten unterzukommen. Auch gab es noch keine Wegweiser und keine Wanderkarten. Die Kosten für eine solche ausgefallene Unternehmung waren hoch. Im Mai 1797 machte sich eine Herrschaft aus Dresden auf den Weg. Ein Schulmeisterssohn nahm als Bediensteter an diesem dreitägigen Ausflug teil und schilderte in Briefen an seine Braut dieses Abenteuer. Es ist als Buch »Ysop Lafleur's sämtliche Werke oder meiner Herrschaft und meiner Wenigkeit romantische Reise in das sächsische Sandsteingebirge an der Elbe« 1798 in Halle erschienen. »Es war eine schöne Fahrt. Der hohe Felsen des Neuraden, den wir leider nicht hatten besteigen können, der aber durch die prächtige Aussicht und die höchst interessanten Überbleibsel eines der festesten alten Raubschlösser die Mühe des Hinaufsteigens reichlich belohnt –, die daran stoßende sogenannte Bastei, und die ganze Reihe majestätischer Felsen am Ufer flogen in immer düsterem Kleid bei uns vorbei«, so schildert Lafleur die abendliche Bootsfahrt von Rathen zurück nach Wehlen, wo die Herrschaft beim Schiffer Dietrich in Kost und Logis war. Die Bastei war nunmehr erstmals in der Literatur vorgestellt worden. Lange vorher hatte der erste Kartograph Sachsens, Matthias Öder, bei der Vermessung des Wehlgrundes 1592 vermerkt: »... am hohen föls heist die Bastey«.

Nun sollten die Steine und Berge erklommen, die Höhlen besichtigt und die »fürchterlichen Schluchten« bewundert werden. Dazu brauchte man Courage. Das waren keine bequemen Spaziergänge. Doch nicht jeder Neugierige wollte die Mühen auf sich nehmen. Sie vertrauten sich deshalb gern den Schweizführern, Sesselträgern und Saumtierhaltern an. Immermann, ein »Reisejournalist« jener Anfangszeit des Fremdenverkehrs, schrieb, daß der »ein Thor« sei, »welcher Berge mit seinen Füßen erklimmt, wenn er Träger haben kann. Ich hatte als geschworener Feind des Kletterns und des Keuchens, welches man Naturgenuß zu nennen übereingekommen ist, bei dem Ausrücken das stille Gelübde getan, jedes Transportmittel zu benutzen und wäre es auch ein Esel.« In Rathen angekommen nahm er sich zwei Träger, die ihn durch den Amselgrund, vorbei am Amselfall, nach dem Dorf Rathewalde trugen. Die Träger benötigten dafür eineinhalb Stunden und mußten laut Regulativ mit 5 Mark entlohnt werden. Herr Immermann beklagte sich dann auch noch über das Schlingern des Tragsessels, der »einen wirklich seekrank machen« könne! Und das im Gebirge!

Es gab nur wenig mehr als 60 amtlich registrierte Schweizführer. Viele andere werden an den Wochenenden nebenberuflich als solche gearbeitet haben. Im Jahre 1807 wurde der Rathener Lehrer als bester Führer empfohlen, denn es galt ja nicht allein nur Muskelkraft und Ausdauer zu beweisen, sondern lt. § 10 des »Regulativ über das Schweizführer-, Saumthier- und Lohnfuhrwesen in der Sächsischen Schweiz« über alle »in der betreffenden Tour liegenden Orte, Berge, Gewässer und dergleichen, über Naturschönheiten und geschichtliche Denkwürdigkeiten wahrheitsgetreue Auskunft zu erteilen«. Nicht alle Führer brachten diese Voraussetzungen mit. So liest man von einer Beschwerde, daß es einem in Schmilka gemieteten Führer nicht gelungen sei, den »Kuhstall« zu finden!

Die Tarife, die Tourentaxen für das Führen der Fremden zu Fuß, für das Sesseltragen, die Zeittaxen für die Sesselträger und die Lohnfuhren, die Gepäcktaxen und das Wartegeld, standen fest. Reisende mit mehr als 75 kg Gewicht hatten noch einen dritten Träger mitzunehmen. Das mitzuführende Führerbuch hatte auch einige Seiten für Beschwerdeeinträge aufzuweisen. »Bürgerliche Unbescholtenheit, Nüchternheit und Verläßlichkeit« waren lt. § 4 die »gedachten Eigenschaften« der Schweizführer. Ohne diese Führer durch die Berge zu reisen, »ist dem Fremden nicht zu raten; weil ihm, die häufigen Verirrungen auf unrichtigen Wegen abgerechnet, dadurch manches Angenehme und Vorzügliche entginge, worauf ihn der treue Führer erst aufmerksam macht und der sich überdieß vom rechten Pfade abirrend sich wenigstes an manchen Puncten Gefahren aussetzen würde«. Und in den schon genannten »Malerischen Wanderungen« von Engelhardt/Veith heißt es dazu: »Es ist unbegreiflich, mit welcher Gleichgültigkeit man vielleicht Gefahren täglich bemerkt, die sich mit wenig Mühen heben ließen. Diese solange als möglich zu sparen, opfert man lieber Menschenleben auf. Wenn Vornehmere den Lilienstein besuchen, nimmt der Führer gemeiniglich ein Brett mit, um den Übergang über die Schluchten zu sichern – Geringere können schon eher den Hals brechen.«

Trotz ihrer schweren verantwortungsvollen Arbeit müssen die Schweizführer humorvoll und unternehmungslustig gewesen sein. »Die Schweizführer waren unter sich Gut=Freund. Sie waren zum Teil recht originelle Käuze, die immer zu Ränken und Streichen aufgelegt waren. Was sich so im Sommer über zugetragen hatte, wurde in der ›Rockenstube‹ durchgehechelt«, schreibt Bruno Barthel. Es seien rechte »Gakenluder« und ein Original unter ihnen sei der »Kotte=Emil aus Rathen« gewesen. Fleißig sei er mit seinem klugen Reittier fast täglich auf den Brand bei Hohnstein gestiegen. Für diese Tour mußte man 4 Stunden einkalkulieren und 7 Mark entrichten. Und »nach des Tages Last und Müh trank Kotte-Emil häufig auf dem Brand einen über den Durst (Brand!)«. Dem braven Tier dauerte das meist zu lange. Es machte sich auch bei stockdunkler Nacht allein auf den Heimweg und gelangte trotz der gefährlichen Felssteige und tiefen Schluchten sicherer nach Rathen als sein Herr. Ja, der wagte es gar nicht, allein heimzugehen, sondern schlief irgendwo in einer Felshöhle seinen Rausch aus. Wer denkt da nicht an Lessings trunkenen Niklas, der philosophischgelassen sagte:

> »Mein Esel, sicherlich, muß klüger sein als ich.
> Ja, klüger muß er sein. Er fand sich selbst
> in' Stall hinein und kam doch von der Tränke –
> man denke!«

So ist diese Geschichte in der alten Zeitschrift »Über Berg und Thal« nacherzählt worden.

Am 6. Juni 1831 verschmähte im Gegensatz zu seinem Dichterkollegen Immermann der Däne H. Ch. Andersen die Sesselträger, um von der »Station am großen Wasserfall im Kirnitzschthale« zum »Kuhstall« zu kommen: »Die Damen wurden in Tragstühlen den Felsenpfad hinangetragen, wir anderen trugen uns selbst, und so langten wir ungefähr um dieselbe Zeit am Ziel an«, vermerkte er in seinem vielgelesenen Reisetagebuch.

Ob sich ein Jahr danach ein anderer berühmter Besucher, Robert Blum, Führer der Linken in der Frankfurter Nationalversammlung, im Sessel zum Kuhstall tragen ließ, wissen wir nicht. Aber wir wissen, daß er sich dort im Gästebuch gegen das »tölpische Narrengeschmier« an den Wänden des Felsentunnels in Form eines Hexameters äußerte: »Da, wo der Haufe erscheint, wirft er das Schöne mit Kot«, bemerkte er sarkastisch.

Die Schweizführer, im jahrelangen Umgang mit den Herrschaften gewieft und schlagfertig, waren immer respektloser geworden, auch wenn es galt, gekrönte Häupter zu bedienen. Der Führer Zschachlitz aus Schandau war bekannt dafür. Als König Friedrich Wilhelm III. von Preußen mit seiner Frau und den Töchtern Charlotte, der Zarin von Rußland, und Alexandrine, Herzogin von Mecklenburg, in Schandau weilten, wurde er beauftragt, die Damen zum Winterberg zu tragen. Als diese auf dem regennassen Bergweg einmal aus den Tragesesseln stiegen, warnte der alte Zschachlitz: »Madamchens, nehmen Se Ihre Klunkern in die Höhe und verliern Se Ihre Latschen nich!« Der Preußen-König pflegte auf solchen Touren »abgeschabte Joppe und dito Beinkleider« zu tragen. Zschachlitz muß ihn darob doch etwas kritisch gemustert haben, denn der König glaubte sich wegen der ärmlichen Kleidung rechtfertigen zu müssen und sagte zu Zschachlitz: »Ein König darf kein Verschwender sein!« Darauf der alte Zschachlitz: »Nu, nu, de ollen Strategen wollen doch ihre Hosen ooch abtragen!« Was darauf der als wortkarg bekannte Preußenherrscher erwidert hat, ist leider nicht überliefert.

Sesselträger und Saumtierhalter gehören längst der Vergangenheit an. Wegweiser, angebracht von den Kreiswegemeistern und ihren Helfern im Kulturbund, befestigte und von den Forstarbeitern und anderen fleißigen Helfern gewartete und instandgesetzte Wanderwege und Stiegen, Wanderkarten und Lehrpfade, präsentieren sich heute den Schweizbesuchern. Doch wer als Urlauber in einem der hübschen Erholungsorte der Sächsischen Schweiz wohnt, ist noch immer gut beraten, sich einem orts- und sachkundigen Führer anzuvertrauen.

## Hoch leben die Steinbrecher!

In den bereits zitierten Götzingerschen Beschreibungen der Sächsischen Schweiz geht es nicht nur um Naturschilderungen und Wandervorschläge. Es gibt auch historische Betrachtungen, die viele Hinweise zulassen auf die hier lebenden und schwer arbeitenden Menschen, wie Weber, Schiffer, Fischer, Waldarbeiter, Flößer, Bauern und Steinbrecher. Der Autor wollte diesen Menschen auch praktisch helfen und der seinerzeit allgemeinen Gleichgültigkeit ihrem Schicksal gegenüber entgegentreten, er forderte deshalb eine »Unterstützungskasse zum Besten der siechen Brecher und ihrer Witwen und Waisen«. Dieses für die damalige Zeit sehr mutige humanistische Auftreten gereichte ihm zur Ehre.

Sorbische Fischer und Bauern, thüringische und fränkische Bauern hatten sich vom 12. bis 15. Jahrhundert auf den Ebenheiten und in den Tälern angesiedelt. Schon zu dieser Zeit entdeckte man den Wert des Sandsteins. In Georgius Agricolas Werk »De natura fossilum« (Die Mineralien) von 1545 finden wir die früheste wissenschaftliche Beschreibung des Elbsandsteins als Gestein.

Das Handwerk der Steinbrecher gehört zu den ältesten und wichtigsten im Elbsandsteingebirge. »Nur wenn die Steinbrecher zu tun haben, haben die Schiffer zu fahren, die Schlosser, Schmiede, Segelmacher, ja selbst die Schuster und Schneider zu tun, sonst herrscht Armut und Not im Lande.«

Bausteine für die Städte und Mühlsteine für die Mühlen waren allenthalben gefragt.

»Ehe aber der Mühlstein fertig wird, kostet es den Arbeitern viel Zeit und Schweiß. Der feine Staub, welchen sie bei dem Behauen der Steine täglich einschlucken, das häufige Trinken, indem sie ganz vom Schweiße triefen und in der brennendsten Hitze am heißen Felsen auf das äußerste erhitzt werden, zieht den Steinbrechern einen frühen Tod zu. Die meisten sterben zwischen 30 und 40 Jahren. Es ist in der That ein trauriger Anblick, wenn man junge robuste Leute schon den frühen Tod ins Gesicht gezeichnet sieht. Noch trauriger aber, und wirklich grausam ist es, daß, sobald der Steinbrecher zu kränkeln anfängt, er von dem Herrn des Steinbruches keine Arbeit mehr erhält!«. So zu lesen in Götzingers Beschreibung von 1804.

Einer, der über das Leben der Steinbrecher, ihre schwere Arbeit, ihre Krankheiten, ihre Arbeitstrachten, ihren Arbeitsweg, ihre Sitten und Bräuche, auch über »a bißel Spoaß« eindrucksvoll erzählen konnte, war der Steinbrecher Bruno Barthel aus Lohmen. Ich lernte diesen kleinen, agilen Mann mit den hellwachen Augen noch kennen. Er bemühte sich jahrzehntelang mit Witz und Engagement um die Erforschung seiner »Bargheemte«.

In der »aalen Durfmundart« hat er sein Buch »Im di Bastei rim« (1955) geschrieben. »Mei Buch sull a eefaches Denkmool sein furr unse Mundart und furr die Menschen, die si geredt hoan und na redn.« Mit seiner Arbeit »Von den Steinbrechern im Elbsandsteingebirge« leistete er einen fundierten Beitrag zur Volkskunde der Steinbrecher.

Der »Steinklopferhannes« schrieb im Steinarbeiterkalender von 1927:

»Mühselig ist die Steingewinnung
und voller Gefahren,
ob aus der Erde oder abgebaut vom Felsen.
Steinbruchsarbeit war schon in alter Zeit
ein herbes Menschenlos,
nur Sklaven und Gefangene
brachen aus der Erde Schoß die Steine!
Zwar ist solcher Zwang geschwunden,
doch unvermindert halten stand
die Mühen und Gefahren
beim Schaffen an der Felsenwand!«

Auf viele der frühen Beschreiber des Gebirges machte der Sandstein bereits einen überwältigenden Eindruck. Der Magister Gerber dazu: »Diese Stein-Brüche sind würdig, daß man ihren willen dahin reise und die besehe. Es solten auch billich die großen Herren, die ihre Söhne nach Frankreich oder Italien schicken, vorher dieselben in Sachsen herum reisen lassen, damit sie doch auch die Beschaffenheit ihres Vaterlandes wüsten und in fremden Ländern nicht Maul und Nase aufsperren müßten, wenn sie etwann einen hohen Berg oder einen Felsen sehen, und daß sie denen Ausländern sagen könnten, sie hätten schon in ihrem Vaterland eben dergleichen und noch viel merkwürdigere Dingg und Naturwunder gesehen.«

Gerber machte auf diese Weise die fremden Potentaten neidisch auf diesen typisch sächsischen Naturbesitz: »Wenn aber der König in Preußen diesen Stein=Bruch in seine Mittel=Mark bekommen könne, er würde viele Tonnen Goldes dafür geben. Ja, die Stadt Leipzig würde dißfalls kein Geld sparen, wenn sie diese Stein=Brüche in ihre Sand= oder Leimen=Gruben (Lehmgruben) versetzen könte. Gewißlich, wer ein Liebhaber der Physica ist, und die wunderbaren Geschöpffe Gottes gern betrachtet, der wird hier Materie finden sich zu verwundern und sein Gemüth zu ergötzen.«

Eine urtümliche Art der Steingewinnung war das Hohlmachen und Fällen einer Wand. Im Steinbruch in der »Alten Poste bei Lohmen« hat Bruno Barthel als Bohrschläger unter der Wand gearbeitet und das wie folgt geschildert: »Viele Wochen steckt der Hohlmacher mit seinen Gehilfen unter der Wand. Eine Stütze um die andere ist gesetzt worden. Die Unterhöhlung scheint von außen wie ein finsterer Keller. Eines Tages erklingt dann plötzlich ein langgezogenes, dumpfes Donnern in der Wand, dem ein mahlendes Knirschen folgt. Die Bohrschläger vergessen vor Schreck das Zuschlagen. Der Hohlmacher lacht auf und spricht: ›Na, ihr Memmen, scheißt nurr ni glei vurr Angst in di Hosen! Die kimmt itz lang noa ni! Itz fängt si arscht mi sachten oan zi räden!‹«

In einer Schilderung vom Kommen einer hohlgemachten Wand heißt es 1897: »Es ist ein großartiges Schauspiel, namentlich zur Nachtzeit, wenn unter Herumstieben von Kies und Funken eine Wand herniedergeht, wenn unter weithin hörbarem Donnern und Krachen das zusammenstürzt, was Jahrtausende gestanden hat und Jahrtausende gebaut haben. Wie die Wand stürzt, ob sie sich so legt, daß ihr Abbau leicht geschehen kann, oder ob sie sich beim Fallen in tausend und abertausend kleine wertlose Stücken zerschellt, das muß dem großen Bergherrn da oben überlassen bleiben. Ist aber alles glücklich verlaufen, dann schmeckt das ›Wandbier‹, ein Faß, das der Bruchherr nach altem Herkommen zu stiften hat.«

Im 17. Jahrhundert begann das Steinbrechen im Schandau-Postelwitzer Gebiet. Auch dort war das Hohlmachen üblich. Doch eines Tages kam dort eine Wand nicht »sachte«, sondern »wuwerte« ohne Warnung zu Tale. Am 26. Januar 1862 geschah das Unglück. Eine 40 Meter hohe hohlgemachte Wand, an der die Steinbrecher fünf Jahre ohne Unfall gearbeitet hatten, setzte sich früher als erwartet in Bewegung. Sie brach mit einem entsetzlichen Getöse und mit einem weit über das Elbtal hallenden Echo zusammen und begrub 24 Arbeiter unter sich. Der jüngste war 14, der älteste 68 Jahre alt. Die Trümmermassen waren viele Meter hoch. Die Menschen, die zur Unfallstelle geeilt waren, um zu retten, was zu retten war, hatten bald keine Hoffnung mehr. Dennoch gruben und gruben sie. Nach 20 Stunden wollten sie es aufgeben. Da sah plötzlich der Sohn eines mitverschütteten Steinbrechers eine dünne Rauchfahne aus einer Spalte emporsteigen. Also mußte noch Leben vorhanden sein. Die Retter arbeiteten 36 Stunden fieberhaft weiter, um die Steinmassen wegzuräumen. Endlich vernahmen sie leise Klopfzeichen – also war noch Hoffnung, Verschüttete lebend zu bergen. Nach 56 Stunden waren alle 24 gerettet. Sie hatten in dieser Zeit nur noch etwas Speck und einen Krug Wasser zur Verfügung gehabt. Die Wand war so »glücklich« gefallen, daß sie einen Hohlraum bildete, der ihr Überleben ermöglichte.

Nicht immer gingen Unfälle im Steinbruch so glimpflich ab. Allein in dem Dorf Schöna gab es 1881 mit einer großen Zahl Kindern 35 junge Steinbrecherwitwen. Aus dem Jahre 1892 wird berichtet, daß es 334 Steinbrüche mit einer Ausbeute von 187 000 $cbm^2$ in einem Jahr gab und 89 Unfälle (davon 7 mit tödlichem Ausgang).

Wie heißt es doch in einem Lied?

Wo kommen die Kirchen her
und die Schlösser noch viel mehr,
feste Brücken über Flüssen,
die wir bauen müssen?
Zu Wasser und zu Land –
hoch leb' der Steinmetzstand!

»Will der Kurfürst bauen, so kann er die Steinbrecher ebensogut in die Brüche, als Soldaten ins Feld kommandieren«, schrieb Engelhardt 1794. Die Steinbrecher seien »zwar steinreich, aber geldarm« fügte er hinzu.

In ganz Europa waren gerade diese Steine gefragt. »Einen Hauptaufschwung nahm das Königsteiner Geschäft durch die große Kopenhagener Lieferung von 1738–1742 zum dasigen Schloßbau. Ein einziges Schiff hat bis zu 1200 Zentner Fracht getragen. Die Steine, aus welchen die so wundervoll wirkende Frauenkirche zusammengesetzt ist, wurden den Postelwitzer Steinbrüchen entnommen. Ebendaher stammen die Werkstücken, aus denen die kunstgeübten Hände italienischer Arbeiter den herrlichen Bau Chiaveris, die katholische Hofkirche in Dresden, aufführten. Das Japanische Palais, das Palais im Großen Garten, Schloß Pillnitz, sie alle deuten mit ihren stattlichen Quadern, bald gelb, bald weiß, zurück auf unsere Sächsische Schweiz. Gar viel geht ins Ausland, und die alten Schiffer erzählen noch gern von den großen Reisen.« Agricola schrieb, daß dieses formbare weiche Baumaterial bis Dresden, Meißen und nach Berlin transportiert wurde. Der älteste Nachweis über die Verwendung von Sandstein stammt von 1388 aus Dresden. Kein anderes Material hätte die Kunst des Barocks in Europa so formenreich zum Ausdruck bringen können. Die Schlösser Christiansborg in Kopenhagen und Hartenfels in Torgau, das Antwerpener Rathaus, auch die Neue Oper in Leipzig und die 1985 wiedereröffnete Semper-Oper in Dresden, natürlich der herrliche Zwingerbau in Dresden, und viele andere herausragende Bauten sind aus Elbe-Sandstein.

Für das Brandenburger Tor in Berlin, unter dem Architekten K. G. Langhans erbaut und am 6. August 1791 eingeweiht (es kostete 110 902 Taler), war der Elbesandstein als Baumaterial zwar gut genug, doch man wollte dem Tor ein noch wertvolleres Aussehen geben und versah es mit einem Kalkfarbenanstrich, um Marmor vorzutäuschen.

Auch Martin Luther wußte den Sandstein zu schätzen, denn er bestellte – sicher durch Vermittlung seines Freundes und Protokollanten seiner Tischreden, dem ersten Pirnaer protestantischen Pfarrer Antonius Lauterbach – für seine Frau Katherina eine sandsteinerne Badewanne, die per Schiff nach Wittenberg transportiert wurde.

Die vielen Steinbrüche längs der Elbe veränderten allmählich das Bild der Landschaft. Es entstanden immer mehr helle steile Felswände. Das natürliche Bild war zerstört. Man sah die Schutthalden mit ihren Wacken und Horzeln. Es gab Felsstürze in den Weißen Brüchen bei Wehlen im Mai 1829 und im Juli 1877. Der letztere blockierte 22 Tage lang die Elbe und hätte beinahe einen vorüberfahrenden vollbesetzten Raddampfer erfaßt. Ein anderer großer Felssturz in den

Postelwitzer Brüchen legte ebenfalls den Schiffsverkehr lahm.

So ist die Geschichte des Elbsandsteins und der Steinbrüche auch eine Geschichte immerwährender großer und kleiner Felsstürze bis in unsere Zeit hinein.

Um die Gefahren für die Schiffahrt zu mindern und das Bild der schönen Landschaft nicht noch mehr zu beeinträchtigen, mußte einiges energisch geändert werden. Seit 1877 bemühte man sich, den Steinabbau einzuschränken und die unmittelbar an der Elbe gelegenen Steinbrüche stillzulegen. Es handelte sich dabei zwischen Pirna und Schmilka um eine Strecke von 20 Kilometern. Es gelang schließlich, durch tatkräftige Unterstützung des 1910 gegründeten »Vereins zum Schutze der Sächsischen Schweiz« und anderer, 17 Brüche mit einer Fläche von über 30 Hektar aufzukaufen und stillzulegen. Seither bemühte man sich um die Rekultivierung der Halden. So wurden u. a. im Haldenwald der Weißen Brüche von 1964 bis 1968 über 10 000 Kiefern und von 1970 bis 1976 4000 Lärchen angepflanzt.

Nach wie vor wird der Sandstein dringend benötigt. Man braucht den leicht zu verarbeitenden »Sächsischen Marmor« aus den Cottaer Brüchen ebenso wie den kieselgebundenen Hartsandstein aus der Postaer Lagerstätte für die Bauwerke in unserem Land, aber auch für den Export vor allem in die skandinavischen Länder und bis hin nach Kuba.

## Von Pomätschern, Rammlutersch, den Schiffen und der Eisenbahn

Bevor man auf Dampfschiffen oder mit der Eisenbahn ins Elbsandsteingebirge fahren konnte, war es von Dresden aus nur möglich, mit dem Stellwagen im Morgengrauen vierspännig zur Bastei aufzubrechen. Dort angekommen, konnte man von der Bastei-Aussicht hoch über der Elbe die Pomätscher, auch Schiffszieher genannt, auf dem Lein- oder Treidelpfad beobachten, wie sie die Kähne mühevoll stromauf zogen. Der Leitführer der Treidelmannschaft war der »König«. Der Leinpfad ist stellenweise noch heute erhalten. Die Treidler (sächsisch auch »Bometzscher« oder »Pomätscher« von ›pomocnik‹ = tschech. Helfer) hingen in Zuggurten und zogen die Schiffe. Sie wehrten sich lange Zeit gegen den Einsatz von Ochsen oder Pferden. Der Pfad sei für die Tiere zu schmal und das »Schiffsziehen« sei ein »Notanker für die bejahrten Schiffsleute, die den unausgesetzten Strapazen auf langen Reisen nicht mehr gewachsen seien«. Nicht zuletzt gedachte man der »grausamen Anzahl armer Menschen an Fuhrleuten, Gastwirthen, Sattlern und Riemern, die alle dann brotlos werden müßten, wenn die Elbe dem freien Verkehr geöffnet würde«.

Mit Beginn der Dampfschiffahrt und der Kettenschlepperei war dann doch das Schicksal der Schiffszieher besiegelt.

Man hatte eine 668 Kilometer lange in England geschmiedete Kette zwischen Hamburg und Melnik in der Elbe verlegt. Die Kette wurde vom Schiffsbug aus auf dem Kettendampfer über eine von einer Dampfmaschine getriebene Zahnradtrommel gezogen, so daß sie das Schiff vorwärts brachte. Die Kette verschwand über das Heck wieder in der Elbe. Hatte vor 1868 ein Kahn in der Saison drei Reisen nach Hamburg unternehmen können, so konnte er mit Hilfe der neuen Technik gar sieben- bis zehnmal fahren. Bevor aber die Kette zu klirren begann, hatte das Dampfschiff seinen Anker gelichtet und von Dresden aus über Pirna bis nach Rathen und zurück seine triumphale Fahrt angetreten. Am 6. August 1837 war die »Königin Maria« in »See gestochen«. Nur wenige der an den Elbufern staunenden, später sogar jubelnden Menschen werden geahnt haben, daß sie Augen- und Ohrenzeugen eines für die Verkehrsgeschichte und für die weitere Erschließung des Elbsandsteingebirges revolutionierenden Ereignisses waren. Einer der Zeugen berichtete, daß schon seit dem frühen Morgen die ganze Stadt Pirna auf den Beinen war. »Erfahrene Schiffsleute sagten voraus, daß das ›Teufelsschiff‹ nur allzubald explodieren werde. Das Schiff hat ein imposantes Aussehen und ist so schön gemalt, daß man meint, es sei aus Porzellan gefertigt.« Gegen 10 Uhr wurde schon der 8 Meter hohe Schornstein gesichtet, der schwarze Rauchwolken ausstieß. Langsam näherte sich das erste Dampfschiff, pausenlos die Schiffsglocke läutend. Sein Rumpf war in einem Schuppen auf der Dresdner Vogelwiese gebaut worden. Die Pirnaer standen auch dann noch am Ufer, als das Schiff gegen 12 Uhr in rascher Fahrt wieder stromabwärts fuhr.

Die Pomätscher aber sangen ihr Wunsch-Lied:

Hiia huppa, vivat die Bomätschia!
und das Dampfschiff Maria!
Wenn die Frühlingsblumen blitzen,
Bleibt der Dampfer wieder sitzen!

Die Treidelpfade an der Elbe wurden zu guten Wanderwegen umfunktioniert und ab 1932 sogar gern von Radfahrern genutzt. Und schön präsentieren sich heute die beliebten Dampfer der »Weißen Flotte«, die 1986 als »Europas größte Raddampferflotte« ihr 150-jähriges Jubiläum mit einer eindrucksvollen Flottenparade von Dresden bis Rathen feierte. Mehrere der heute noch fahrenden Dampfer sind von 1879 bis 1896 gebaut worden. Der Dampfer »Diesbar« gilt als Prototyp der ersten Dampfergeneration und wird als technisches Denkmal am Dresdner Elbufer seinen endgültigen Heimathafen finden. Er hat noch die blitzblanke Maschine von John Penn & Sohn aus Greenwich bei London. Eine Fachgruppe »Elbeschiffahrt« im Kulturbund der DDR bemüht sich mit dem VEB Schiffswerft Dresden-Laubegast um diesen Oldtimer der Elberaddampfer. Seit 1963/64 sind vier neue dieselelektrische Seitenradschiffe als Luxusschiffe in Betrieb genommen worden. Über eineinhalb Millionen Fahrgäste befördern jährlich die 13 Schiffe auf ihrer 100 Kilometer langen Strecke zwischen Riesa und Schmilka. Sonderfahrten führen im Sommer auch in die ČSSR bis Děčin und Ústi nad Labem.

Die Elbeschiffahrt ist relativ problemlos, abgesehen von notwendigen Stromregulierungen, der Beseitigung von »Rammlutersch« (Untiefen) bei Rathen, Königstein und Bad Schandau und dem Bau von Uferbefestigungen und Ausbaggerungen.

Schwerer dagegen war es, der Eisenbahn durch das Felsenland am Strom einen Weg zu schaffen. Am 31. Juli 1848 traf das erste Dampfroß »Pirna« mit seinen Wagen aus Dresden in Pirna ein. Auch hier wurde der gelungenen ersten »Dampfwagenfahrt« zugejubelt. Nun begann aber erst der schwierigste und kostspieligste Streckenbau bis hinein ins Böhmische. Man mußte entlang der Elbe 164 Brücken, Viadukte und Tunnel bauen. Nicht zu Unrecht wird die mehrere 100 Meter lange Stützmauer unterhalb der Königsnase bei Obervogelgesang wegen ihres hohen Kostenaufwands die »Millionenmauer« genannt. Viele Jahre hatte man an ihr und dem großen Viadukt über den Taleinschnitt der Biela in Königstein gebaut. Am 9. Mai 1850 konnte die Eisenbahn von Dresden durchgehend bis Königstein fahren, und am 6. April 1851 war der Anschluß in Richtung Prag–Wien geschafft.

Krippen war als Warmbierstation Haltepunkt, bei dem manchmal länger verweilt wurde, als der Pünktlichkeit einer königlichen Eisenbahn ziemlich war. Da man aber damals noch »auf Sicht« fuhr, konnten sich sowohl die Bahnbeamten als die Reisenden ein Glas leisten. In Bad Schandau hatte man seit 1877 Anschluß mit der »Sächsischen Brennerbahn« durch sieben Tunnel und über dreißig Brücken nach Sebnitz, der Stadt der weltbekannten Kunstblumenherstellung. Zum Lichtenhainer Wasserfall fährt seit 1898 die elektrische Kirnitzschtalbahn auf einer 8,3 Kilometer langen kurvenreichen Strecke.

Dennoch, das schöne Elbsandsteingebirge gehört bis heute den Wandernden, wie es J. R. Becher in sein Tagebuch 1950 schrieb, »denn unsere Aufnahmefähigkeit ist nach wie vor, trotz aller Beschleunigungsverfahren auf den menschlichen Schritt eingestellt«. Der schon erwähnte »Internationale Bergwanderweg der Freundschaft« führt 140 Kilometer durch den Bezirk Dresden und berührt auch in der Sächsischen

Schweiz interessante Punkte. Insgesamt umfaßt die Sächsische Schweiz 1200 Kilometer markierte Wanderwege und eine Vielzahl von Bodendenkmalen, Denkmale der Natur, Kunst und Kultur, der Technik.

## Ein Kletterparadies

Mit ihren abwechslungsreichen Felsrevieren stellt die Sächsische Schweiz einen für Europa einzigartigen Klettergarten dar. Der »Kletterführer – Elbsandsteingebirge – Sächsische Schweiz« nennt für den Süd-, Ost- und Westteil 13 Klettergebiete.

Schon um 1900 wurde das mehr als 200 Gipfel zählende Felsengebiet im Bielatal als ein »Übungsfeld der Wandkletterei und damit zur Vorschule für Kletterfahrten in die Dolomiten« bezeichnet. Im Jahre 1777 bestiegen der Kandidat Hanke den Mönchstein und 1816 der Förster Auerswald die Steinschleuder im Basteigebiet. Das sind nur zufällige Informationen aus einer Zeit, in der an organisierten Klettersport nicht zu denken war.

Als Geburtstag des Felskletterns gilt der 6. März 1864, an dem sich fünf Schandauer Turner aufmachten, den Falkenstein zu besteigen. Der von den Männern noch mit technischen Hilfsmitteln gewählte Aufstieg wurde deshalb der »Turnerweg« genannt. Ohne Hilfsmittel bestieg 1892 Oscar Schuster diesen markanten Stein. Seitdem gibt es den »Schusterweg«.

Inzwischen ist die Zahl der offiziell aufgenommenen Gipfel mit Gipfelbüchern auf 1088 gestiegen; sie können auf über 9000 verschiedenen Wegen und Routenvarianten erklommen werden. Über 100 im »Deutschen Verband für Wandern, Bergsteigen und Orientierungslauf der DDR« (DWBO) organisierte Sportfreunde hatten bis Ende 1988 alle Gipfel bezwungen. Eine 1980 vom Präsidium des DWBO erlassene »Regelordnung für das Felsklettern in den Mittelgebirgen der DDR« nennt Grundsätze und Bestimmungen für das Ausüben des Felskletterns. Es heißt da u. a. »... Als Klettergipfel gelten freistehende Felsen ab 10 m Höhe, die nur durch Kletterei oder durch Überfall, Übertritt oder Sprung von benachbarten Felsen zu ersteigen sind.«

Wenn es um Namensgebungen geht, ist der Volksmund findig. Liest man die über 10000 Gipfel- und Wegenamen, so bekommt man eine Vorstellung von der Kraft, Ausdauer und dem Mut, oft auch der Tragik, die hinter all diesen Namen steckt. Doch auch der sächsische Humor hat mit seinem Einfallsreichtum vielerorts Pate gestanden.

Da gibt es im Bielatalgebiet die Herkulessäulen, den Schraubenkopf und den Chinesischen Turm, den Zarathustra, den Prometheus, den Sultan, den Bielazwerg und gar einen Hilfssheriff. Im Rathener Gebiet finden wir den Gansfelsen, den Lokomotive-Dom, den Mönch, das Lamm, den Wilddieb, den Satan, und neben der Hexe auch einen Kobold. Es gibt dort einen Bergpiraten, einen Bonifaz, einen Eunuch und einen zu ihm passenden Emir. Zu den markantesten und bekanntesten Felsen zählt der Talwächter hoch über Rathen. Er hieß früher Jungfer. Ein Rathener beschrieb ihn:

Vom Basteiwege nüber stieht a Steen  
So ganz allene, glott und rund und scheen,  
Ar iß ganz nackch bis uff de Spitze nuff  
und früher stoant an blechern Weibsen druff.

Ein Wanderer, der fragte, weshalb denn nun auf einmal »Dr Jumpernsteen« »Toalwächter« hieße, erhielt zur Antwort:

»Ach Jeesens nee, mei Harr, dois koinn'ch Sie soin,  
Do toaten mich schunn viele Leute froin;  
Ar toat deßhalb enn andern Noam kriegen  
Weil er egoal vun Kraxlern wurd' bestiegen.«

Auch die Barbarine, der berühmte freistehende schlanke Fels am Pfaffenstein, wurde dereinst »Pfaffendorfer Jungfer« genannt. Er ist 1905 erstmals von den bekannten Bergsteigern Rudolf Fehrmann und Oliver Perry-Smith bestiegen worden. Der Talwächter hat sich bis heute mannhaft gehalten, während die Barbarine, altersschwach geworden, 1974 gesichert und saniert werden mußte und nicht mehr bestiegen werden darf. Sie ist ein Kletterdenkmal par exellence und schon auf einer Briefmarke 1966 verewigt.

Die Sandsteingipfel haben alle ihre Zeit. Werden sie alt und verwittern, können sie für den Bergsteiger lebensgefährlich werden. Die »Klettertechnische Bezirksfachkommission Dresden« wacht deshalb darüber und kann gefährlich gewordene Klettergipfel streichen. Wie es zum Beispiel im Mitteilungsblatt »Wandern und Bergsteigen« im September 1986 zu lesen war: »Achtung: Schrammsteinnadel gesperrt! Als Gipfel gestrichen!«

Auch der Höllenhundturm, erstmalig am 17.9.1905 von R. Fehrmann, dem Autor des ersten 1908 erschienenen Kletterführers, dem Amerikaner O. Perry-Smith, von A. Hoyer und O. Elsner erklommen, hat seine Geschichte. 1911 erkletterten, einer Pressemeldung zufolge, »mehrere Dresdner und Berliner Touristen, die als vorzügliche Kletterer bekannt sind«, den Höllenhund im Raaber Kessel bei Rathen. Nach einem stundenlangen schwierigen Aufstieg standen die Kletterer erleichtert auf seinem Gipfel. Dabei machte sich das vor allem auch für den Abstieg lebensnotwendige Seil selbständig und verschwand in der Tiefe. Da standen sie nun, die »vorzüglichen Kletterer«, zwar stolz, den Gipfelsieg errungen zu haben, aber ratlos ob des jäh abgeschnittenen Rückwegs. Sie riefen um Hilfe. Reiter, die zufällig des Weges kamen, konnten ihnen nur ein vages »Haltet-aus!« zurufen. Inzwischen war die Nacht hereingebrochen. Wohl eine Höllennacht für die Höllenhund-Besatzung auf kleinem Gipfel-Raum. Von der Bastei aus hatte man telefonisch beim deutschen und österreichischen Touristenklub in Dresden Hilfe angefordert. Erst am nächsten herbstlich-kühlen Morgen konnte den Übernächtigten ein Seil zugeworfen werden. Danach sollen die vier diesen Gipfel gemieden, ihn aber weiterhin nicht ohne Grund »Höllenhund« genannt haben.

Das Klettergebiet um die »Brandaussicht« (317 m) liegt im Naturschutzgebiet »Polenztal«. Dort heißt ein Gipfel Berken-von-der-Duba-Wacht, genannt nach jener Herrschaft, die bis 1443 auf der 90 m über dem Polenztal gelegenen Burg Hohnstein wohnte. Als »stadichin under dem Hohnsteine« wurde die Stadt 1445 erwähnt. Das »castrum Hohenstayn« bestand schon 1353 als Wehranlage der böhmischen Lehnsherren gegen die Mark Meißen. Die Burg diente ebenso wie der Pirnaer Sonnenstein und der Königstein als Gefängnis. Von 1925 bis 1933 war sie die größte deutsche Jugendherberge und wurde 1933/34, wie das Naturfreundehaus in Königstein-Halbestadt, die heutige Jugendherberge »Julius Fučik«, als erstes faschistisches Schutzhaftlager (KZ) mißbraucht. Seit 1949 ist sie wieder als Jugendburg »Ernst Thälmann« ein Treffpunkt der Jugend, auch der Bergsteiger-Jugend. Eine Gedenkstätte gemahnt dort an die Opfer des Faschismus.

Die Schrammstein-, Schmilkaer, Affenstein-, Wildensteiner und Hinterhermsdorfer Gebiete, Großer und Kleiner Zschand, weisen die größte Zahl der Gipfel im Elbsandsteingebirge auf.

Wer kennt die Gipfel, nennt die Namen? Neben dem stolzen Falkenstein gehören dazu solche klangvollen Vertreter wie der Bloßstock, der Teufels- und der Kreuzturm, die Morsche Zinne, der Rauschenstein, die Heringsgrundnadel, der Muschelkopf, die Wolfsspitze und der Domwächter. Die Flachsköpfe gehören dazu und die von Fritz Brosin und Gefährten 1899 erstmals erstiegene bizarre Felsnadel, die seinen Namen trägt, nachdem der Bergsteiger 1900 am Wilden Kopf tödlich verunglückte.

Weiterhin zählt auch der Siegfriedfels dazu; er hat eine Schwachstelle wie Siegfried in der Sage und macht deshalb seinem Namen alle Ehre. Er wurde 1904 bezwungen, doch bis heute bereitet er allerlei Schwierigkeiten.

Man wagt sich an immer kompliziertere Wege und Varianten, immer höhere Leistungen sind erforderlich und werden erbracht. Die klassifizierten Schwierigkeitsstufen reichen nun schon von der Stufe I bis Xa, b, c. Die Benennungen der Wege allein in den 80er Jahren sagen viel über die Schwierigkeiten, aber auch über die Freuden beim Erschließen neuer Wege aus. Auf den Hohen Torstein führten bis 1987 allein 65 Aufstiege.

Von den in den Jahren 1979 bis 1984 anerkannten 113 neuen Wegen hat Bernd Arnold 70 erstmalig begangen und benannt. Davon waren 46 Wege mit der Stufe IX und 6 mit der Stufe X klassifiziert. Am Großen Wehlturm schaffte er 1979 den Weg »Direkte Superlative« (IXc) und 1980 am Heringstein den Weg der »Jojovariante« (IXb). Drei neue Wege entdeckte er 1981 am Falkenstein: »Blaues Wunder«, »Blanker Himmel« und die »Buntschillernde Seifenblase«, alle mit Xa eingestuft. Einen neuen Falkensteinweg erzwang er 1983 und nannte ihn »Vakuum« (Xa). Schließlich gewann Arnold 1984 am Flachskopf das mit einer X bewertete »Etappenrennen«!

Das Jahr 1986 war das Jahr der Erstbegeher mit 582 Neutouren. Von ihnen wurden 33 mit den Stufen Xa, b, c bewertet. Am Backzahn schaffte J. Höfer die »Goldkrone« (Xa), am Vorderen Leuchterweibchen besiegte Ch. Günther den »Schattenkämpfer« (Xa) und am Rauschenstein erreichte J. Hudeček das »Ende einer Legende« (Xb–c).

Die bergsteigerischen Anforderungen stehen hier denen in den alpinen Regionen nicht nach. Erstbesteigungen in den Hochgebirgen wären oft ohne die erbrachten Leistungen und gemachten Erfahrungen in der Sächsischen Schweiz nicht möglich.

Leider verführt die von den Felswänden oft nur vorgetäuschte Griffigkeit Wagehalsige, die den Klettersport nicht erlernt haben. Von zehn Bergunfällen werden acht durch Leichtsinn und Kraftmeierei verursacht. Viele der DWBO-Mitglieder arbeiten im Bergunfalldienst des DRK der DDR (BUD). Achtzigtausend Touristen und mehr kommen an den Wochenenden ins Gebirge. Der BUD hat in Rathen und im Bielatal (Otto-Mühle) Unfallhilfsstationen. Bergungsboxen stehen in allen Klettergebieten bereit. Ein besonderes Lob gilt den Mitarbeitern des BUD, die durch ihre mutigen Einsätze schon viele Menschenleben retten konnten. Diese organisierte Unfallhilfe besteht über 75 Jahre.

Doch nicht nur Mut und Ausdauer gehören zur Ausrüstung der Bergsteiger, sondern auch Geschicklichkeit und Klugheit. Und zum Klettern bedarf es nicht nur des Seiles und der Muskelkraft, Kameradschaftssinn und Disziplin sind Eigenschaften, die erfahrene Bergsteiger auszeichnen. Es ist deshalb nicht verwunderlich, daß es unter ihnen viele mutige Menschen gab, die den Widerstand gegen den Faschismus als ihre wichtigste Lebensaufgabe ansahen. Sie waren organisiert in der Vereinigten Kletterabteilung (VKA), die zweihundert Mitglieder umfaßte. Davon waren neunundachtzig ins KZ gebracht worden. Hier in Stichworten das Schicksal vierer von vierundzwanzig, die den Sieg über den Hitler-Faschismus nicht mehr erlebten: Kurt Schlosser, der als Chorleiter des VKA an der Vorbereitung der Arbeiter-Bergsteiger-Kaukasus-Expedition 1932 teilnahm, wurde 1944 ermordet. Hans Dankners Spuren verloren sich im Vernichtungslager Auschwitz. Die Maler und Grafiker Fritz Schulze und Karl Stein wurden 1942 in Berlin-Plötzensee hingerichtet.

Das Schmilkaer Grenzgebiet war in der Zeit des Faschismus für illegale Treffs der »Roten Bergsteiger« gut geeignet. Wie das vor sich ging, schildert der in Pirna geborene Schriftsteller Max Zimmering in seinem 1948 erschienenen Bericht »Widerstandsgruppe ›Vereinigte Kletterabteilung‹«. Er beschreibt die Grenzarbeit der Dresdner Arbeiterbergsteiger in der Sächsischen Schweiz und im östlichen Erzgebirge. Vorwiegend galt es, gefährdete Antifaschisten über die Grenze in die Tschechoslowakei zu schleusen. In schwer zugänglichen Höhlen, wie in der am Satanskopf in den Affensteinen, wurden antifaschistische Flugblätter gedruckt und im Dresdner Raum verteilt.

Der Radebeuler Bildhauer Walter Howard gestaltete eine über zwei Meter hohe Keramikstele, auf der Episoden aus der Geschichte der »Roten Bergsteiger« dargestellt sind. Sie erinnert in der Form an eine Felsnadel und wurde 1987 vor der Hütte des »Kurt-Schlosser-Chores« in Kleinhennersdorf enthüllt. Dieser Bergsteigerchor feierte 1987 sein 60jähriges Bestehen. Seit 1928 tritt der Sebnitzer Bergsteigerchor auf. Auch die

Dresdner Bergfinken singen das Lied der Berge: »Die Liebe zu den Bergen ist die Liebe zu unserem Land.«

Alljährlich treffen sich die Bergfreunde auf der Hohen Liebe über der Ostrauer Scheibe bei Bad Schandau, um ihrer toten Bergkameraden zu gedenken.

## Von Musikern, Forschern, Erfindern, Puppenspielern und Baumeistern

Auch den Musen ist diese schöne Landschaft wohlgesinnt. Und zum Denken regt sie an. Wie anders ist es zu erklären, daß aus ihr so viele bekannte Musiker und Komponisten, Naturwissenschaftler, Forscher und Erfinder hervorgingen? Kurz, unser farbiges Bild von der Elbsandstein-Gebirgslandschaft wäre unvollständig, wollte man neben den Malern nicht auch dieser Persönlichkeiten gedenken, die hier lebten, arbeiteten oder aus dieser Landschaft hervorgingen.

Beginnen wir mit den Musikern: Das »Königsteiner Musikerarchiv«, gegründet und geleitet von Harald Schurz, pflegt das Erbe bekannter Komponisten, Orgelmeister, Kantoren, Pianisten. Zu ihnen gehören der Barockkomponist und nächst Bach und Händel größte Orgelmeister Christian Petzold, die Kreuzkantoren Julius Otto und Franz Otto, der Komponist und Pianist Prof. Fritz Bose, der Musikdirektor Camillo Schumann, der Bachforscher und Komponist Wilhelm Werker. Ein gebürtiger Königsteiner ist auch der Gründer des Bacharchivs zu Leipzig, Prof. Dr. Werner Neumann. Wer kennt nicht die schon vor über 100 Jahren entstandenen und heute noch gern gesungenen Kinderlieder »Morgen Kinder, wird's was geben« und »Hopp, hopp, hopp, Pferdchen lauf Galopp«? Sie stammen von dem Sohn eines Schandauer Segeltuchmachers und Schiffseigners, Carl Gottlieb Hering, der als Gründer der deutschen Musikdidaktik gilt. Robert Schumann nahm Herings Komposition »Und als der Großvater die Großmutter nahm« in sein kleines Musikstück »Winterzeit« auf. Ludwig Richter, der hierzu die Zeichnung schuf, bemerkte, »daß wie eine stille sinnende Rückschau in jene gute alte Zeit, ›als der Großvater die Großmutter nahm‹, Schumann die Melodie dieses lieben Volksliedes gegen Ende seines Tonstückes leise anklingen« läßt. Konstantin, der andere der beiden Söhne Herings, wanderte nach Amerika aus und wurde dort der Begründer der Homöopathie.

In Schandau wirkte der bekannte Organist, Dirigent und Kantor Paul Hartig lange Jahre.

Im Hohnsteiner Kirchenbuch finden wir den Taufeintrag, daß dort Christoph Gottlieb Schröter am 19. August 1699 als Sohn eines Wollsamtwebers und der Tochter des »Verordneten Schulmeisters zu Stürza«, Christoph Scheinpflug, geboren wurde. Rotangestrichen steht daneben: »Berühmter Organist und Erfinder des Fortepianos, starb in Nordhausen 1782«. Er baute das Modell eines Hammerklaviers, in das er Hämmerchen einbaute, die die bisher bei dem Claviocembalo üblichen, die Saiten reißenden Rabenfedern ersetzten. Das Instrument wurde August dem Starken vorgeführt. Auf mysteriöse Weise kam es dort in die Hände von Italienern und Franzosen, die zu jener Zeit »stark die musische Szene am Dresdner Hof bewegten«. In Hildesheim konstruierte dann später Johann Andreas Stein das »vervollkommnete Hammerklavier«. Der frühest bekannte Hammerflügel von J. A. Stein (1733) ist im Musikinstrumentenmuseum in Leipzig zu sehen.

Aus dem gleichen Ort stammt Christoph Schaffrath, der Mitglied der Privatkapelle des Preußenkönigs Friedrichs II. war und Werke für Viola da gamba und Cembalo schrieb, die heute noch gespielt werden.

Dimitri Schostakowitsch wohnte 1960 im Kurort Gohrisch und komponierte, vom Landschaftserlebnis und einem Besuch Dresdens inspiriert, sein Streichquartett Nr. 8, c-Moll, op. 110. Die Hohnsteiner Hand-Puppenspiele, die von 1928 bis 1945 Max Jacob leitete, wurden international bekannt. Jacob war Präsident der 1929 in Prag gegründeten Weltvereinigung der Puppentheaterschaffenden (UNIMA). Der Hohnsteiner Kasper zog sich 1953 zurück und konnte auf 12 000 Aufführungen mit über 4 Millionen dankbaren großen und kleinen Zuschauern zurückblicken. Jacob war befreundet mit Sergei Obraszow, der Jahrzehnte das Staatliche Zentrale Puppentheater in Moskau leitete. Das formschöne holzschindelbedeckte Hohnsteiner Puppenspielhaus wurde von der Dresdner Gartenbauausstellung übernommen. Der Puppenspieler Heinz Fülfe, als Frau Elster fürwitziger Bildschirmpartner des Herrn Fuchs, gehört mit seiner Frau Ingeburg zu den Gründern des Fernsehpuppenspiels in der DDR (1955). Sein Talent ging aus den einst weithin bekannten »Pirnaer Puppenspielern« hervor. Auf dem Königstein befand sich viele Jahre ein Atelier des Kinderfernsehens. Im Rathener Klettergebiet wurden 1960 drei Klettergipfel mit »Flax«, »Krümel« und »Struppi« als lokalpatriotische Verbeugung der Bergsteiger gegenüber den Leistungen dieser Puppen-Künstler getauft.

Bruno Barthel, der Mundartdichter und Steinbrecher, wurde schon genannt. Zu erinnern ist aber auch an den Heimatdichter Wilhelm Schindler, der in Hertigswalde bei Sebnitz geboren wurde. Von ihm erschienen 1897 »Dorfleute. Geschichten aus der sächsisch-böhmischen Schweiz«, als Reclam-Heft Nr. 3615, und 1909 »Skizzen aus dem Elbsandsteingebirge«. Er sei »Kind des Gebirges, im Denken und Fühlen der Landsleute aufgewachsen, und wolle das Leben der Bauern, Häusler, Steinbrecher und der Blumenmacher, der Gebirgsbewohner, den ehrlichen, treuherzigen Menschenschlag« beschreiben. Nach »Dr raachte Wagk« (Dem rechten Weg) zum Arnstein, auch »Kleines Raubschloß« genannt, befragt, gibt Schindler in einem Gedicht seine mundartliche Auskunft:

> »Und dort, wu ich meine Wiese hoa,
> do gihts nu immer so furt bargoa –
> Zererscht e brinkl links, dernoo raachts nuf –
> aber immer groade aus und feste druf –
> wenn Se sich hibsch ufn Waage haalen,
> do kinn Se'n Arnscht goar ne verfahlen.«

In Bad Schandau-Ostrau wohnt Erich Wustmann, der Sohn eines »königlichen Postbeamten, der treppauf, treppab und über weitgezogene Landstraßen lief oder radelte«. Den reiselustigen Schriftsteller zog es viele Jahre seines Lebens »Durch Tundra, Wüste und Dschungel«, wie er seine Lebenserinnerungen 1983 betitelte. Von 1936 bis 1987 hat er über 55 in viele Sprachen übersetzte Reiseschilderungen herausgegeben.

Und was gibt es von den Forschern und Naturwissenschaftlern aus dieser Landschaft zu berichten?

Ein bekannter Entomologe war der Lehrer und Kantor in Dorf Wehlen, Friedrich Märkel, der viele von ihm wissenschaftlich exakt bestimmte Insektenarten entdeckte. Alexander von Humboldt, der auf der Festung Königstein Vermessungen durchführte, besuchte bei dieser Gelegenheit Märkel, um sich dessen umfangreiche Käfersammlung, die später vom Königlich Zoologischen Museum in Dresden übernommen wurde, anzusehen. Humboldt hätte bei ihm viele ihm noch nicht bekannte Exemplare gesehen.

Ein vielbeachteter 1925 erschienener »Naturführer der Sächsischen Schweiz« wurde von Walter Friese aus der Stadt Wehlen geschrieben.

Der Königlich Preußische Bergrat Johann Gottlob Lehmann wurde in Langenhennersdorf geboren. Er studierte in Wittenberg Medizin, war aber auch Bergmann, Metallurg und Begründer der modernen Erdgeschichtsforschung. Er wurde 1761 als ordentliches Mitglied der Kaiserlichen Akademie der Wissenschaften nach St. Petersburg berufen, war dort Professor der Chemie, Direktor des Naturalienkabinetts, und arbeitete eng mit Michael W. Lomonossow zusammen.

Der Geologe Otto Beyer befaßte sich mit der chemischen Verwitterung des Sandsteins und der dadurch entstehenden Verwitterungsformen, den Steingittern, Waben, Sanduhren und Höhlchen, sowie mit den Quellen im Elbsandsteingebirge. Nach ihm wurde der Durchbruch im zwischen Wehlen und Rathen gelegenen romantischen Tümpelgrund »Otto-Beyer-Schlucht« genannt.

Gut bekannt ist mir noch der Lehrer Hans Förster aus Papstdorf, der ein umfangreiches Standortverzeichnis über fast alle Pflanzenarten im Elbsandsteingebirge angelegt und mehrere Publikationen zu dessen Flora herausgegeben hatte. Die ehemalige Weinleite an der Südseite des Papststeins, die auch an dem großen Felssturz von 1972 vorüberführt, wurde 1973 in »Hans-Förster-Weg« umbenannt.

Ein bekannter Pilzforscher (Mykologe) war der in Königstein geborene Wilhelm Krieger. Der Thürmsdorfer Mühlenbesitzer und Botaniker Ernst Hippe veröffentlichte 1878 ein »Botanisches Standortverzeichnis der Sächsischen Schweiz«. Er soll unter den von ihm 1868 auf der Prossener Elbinsel beobachteten Adventivpflanzen auch die einer Tomate entdeckt haben. Merkwürdig, sich vorzustellen, daß das Elbtal als »Wanderweg der Pflanzen aus dem Süden, als Wandergesellen auch diese heute so beliebte Tomate, die noch während des ersten Weltkrieges bei der hiesigen Bevölkerung unbekannt war und die sich erst danach, anfangs als Giftpflanze verschrien, als Nahrungsmittel durchsetzte«, mit sich brachte. Das warme Elbtal durch das Elbsandsteingebirge gilt als die Eingangspforte für wärmeliebende Pflanzenarten aus dem Süden, zu denen auch der wilde Schnittlauch gehört. Hippe verkehrte mit dem in Königstein lebenden und botanisierenden Leinewebermeister Carl Friedrich Poppe, der, um seinen bescheidenen Lohn aufzubessern, »in den Tee ging« und sich dadurch viele überdurchschnittliche, der »wissenschaftlichen Botanik wertvolle Zuarbeit« leistende Kenntnisse aneignete. Poppe hatte Kontakt mit der Botanikerin und Forschungsreisenden Amalie Dietrich. Die spätere Kustodin des Botanischen Museums in Hamburg besuchte mit ihrer Tochter Charitas Bischoff den Leinewebermeister in Königstein, worüber die Tochter in ihren 1923 erschienenen Erinnerungen berichtet.

Besonders sei noch des Webermeisters Friedrich Gottlob Kellers gedacht, der 1845 die Herstellung von Papier aus Holzschliff erfand. Er lebte in Krippen und »suchte, angeregt durch fleissiges Lesen technischer Literatur, Probleme seiner Zeit zu lösen«. Eine Gedenkstätte erinnert in Krippen an diesen bedeutsamen Erfinder, während in der Neumann-Mühle im Kirnitzschtal eine Holzschliffanlage als Denkmal der Technik zu sehen ist.

Als eine Reverenz für das hübsche Bergstädtchen Hohnstein schuf der berühmte Erbauer der Dresdner Frauenkirche, George Bähr, einen seiner zentralen Kirchenbauten in der Burgstadt. Auch auf dem Königstein hinterließen berühmte Baumeister und Architekten ihre Spuren. Zu ihnen gehören im 17./18. Jahrhundert der Architekt Paul Buchner, der Nachfolger W. Dilichs und Lehrer Augusts des Starken, Jean de Bodt, und dessen Nachfolger, der Leiter des Ingenieurkorps und des Militärbauwesens in Dresden, der Architekt Johann Georg Maximilian Fürstenhoff, der von 1746 bis 1753 als Generalleutnant Kommandant der Festung Königstein war. Das berühmte Königsteiner Riesenfaß projektierte der Architekt und Oberlandbaumeister Matthäus Daniel Pöppelmann. Der Baumeister des 152,5 m tiefen Festungsbrunnens war der Freiberger Bergmeister Martin Planer.

Schließlich ist es interessant zu erfahren, daß der Erfinder der Methode zur Herstellung künstlichen Mineralwassers, der Arzt und Apotheker Friedrich August Struve, in Neustadt/Sa. geboren wurde. Er gründete 1820 in Dresden die erste Mineralwasserfabrik (»Struves Tafelwasser«). Sein Sohn Gustav Adolf Struve, der Pharmazie studierte, führte das Werk seines Vaters fort. Er »galt als Nummer eins«, schrieb Theodor Fontane, der bei ihm einmal als Apothekergehilfe gearbeitet hatte. G. A. Struve starb 1889 in Schandau.

Erinnern wir uns noch an eine besonders nennenswerte Erfindung, die drei Jahre lang in Königstein und Umgebung die Gemüter erregte. Es war die gleislose elektrische »Bielathal-Motorbahn«, die von dem Dresdner Ingenieur Max Schiemann konstruiert wurde und von 1901 bis 1904 von Königstein durch das Bielatal zur damaligen Kaltwasserheilanstalt Bad Königsbrunn in Hütten auf einer Streckenlänge von 2,8 km führte. Zwar wurde der erste O-Bus schon 1882 von Werner v. Siemens gebaut, jedoch zählt diese »O-Bus-Strecke« sicher zu den ersten in der Welt.

## Von den Aussichten sieht man das Land

So vielseitig diese Bergwelt ist, so vielfältig sind die Aussichten, die sich dem Wanderer bieten. Dennoch gibt es unter den vielen besonders empfehlenswerte, die das Prädikat »hervorragend« verdienen. Sehen wir von den vielgerühmten klassischen Aussichtspunkten ab, müßten drei Glanzpunkte genannt werden: einmal der Hohburkersdorfer Rundblick (392m) über Rathewalde. Zwei 1932 eingeweihte Aussichtskanzeln erleichtern dort mit eingravierten Visierlinien die Orientierung. Napoleon soll 1813 diesen »strategischen Blick« sehr geschätzt haben. Zum anderen der in der Hinteren Sächsischen Schweiz gelegene Wachberg (496 m) bei Saupsdorf. Er erhebt sich auf einem Höhenrücken zwischen dem Elbsandstein und dem Lausitzer Granit. Nicht zu Unrecht hieß er früher »Schweizerkrone«, denn die Aussicht ist »besonders nach Westen hin auf die eigentliche Sächsische Schweiz so einzigartig und schön, wie man sie kaum von einem zweiten Berg der Umgebung genießt«.

Am 30. September 1811 geschah hier ein ungewöhnliches Unglück. Die tollkühne Luftschifferin Madame Reichardt aus dem Plauenschen Grund bei Dresden war mit ihrem Freiballon aufgestiegen, um einen Höhenrekord aufzustellen. An den Wachbergbäumen hängend erwachte sie jäh aus ihrem Rekordtraum. »Die Gondel stürzte zur Erde nieder. Ein gewaltiger Schrecken über die unheimliche, noch nie geschaute Erscheinung, die mit starkem Rauschen hoch über ihre Köpfe hinzog, erfaßte die Leute«, bis sie zu sich kamen und die »Lufthexe« aus der Gondel befreiten. Götzinger berichtete über die »Landung der ersten Luftschifferin im Meißner Hochland«.

Als dritte im Bunde der empfohlenen Paradeaussichten muß man das Kipphorn (480 m) unterhalb des Großen Winterberges nennen. Von hier bieten sich einzigartige Blicke in das Elbtal, hinunter nach Bad Schandau, zur Schrammsteinkette und hinüber auf die Steine, die sich über den linkselbischen Ebenheiten erheben. Besonders im farbenreichen Gegenlicht der Abendsonne, mit den Spiegelungen auf dem Elbstrom, ist das ein eindrucksvolles und nachhaltiges Naturerlebnis. Die »Kipphornaussicht« ist mit die einprägsamste aller Sächsische-Schweiz-Aussichten.

Der dem Kipphorn nahe gelegene Große Winterberg, auf dem 1841 das erste Berggasthaus errichtet wurde, besteht aus Basalt.

Im Sommer 1831 war er das Wanderziel des jungen H. C. Andersen, der sich gern daran erinnerte: »Wie ein versteinertes Meer lagen die Berge vor mir. Welche Unendlichkeit lag da um uns her! Es liegt etwas mächtig Ergreifendes darin, auf solche Weise über ein großes Land hinzuschauen!«

Farbiges Elbsandsteingebirge beiderseits der Elbe. Vielbesucht und liebgewonnen von Millionen Menschen aus aller Welt. Konturenreich und pittoresk, geschichtsträchtig und reich an Geschichten, ist sie eine leicht verletzliche Bergwelt. Wir müssen sie schützen, pflegen und erhalten, auch um den Preis, daß sie nicht überall unserem Besuch zugänglich ist, um in den Naturschutzgebieten und Reservaten ihrer Fauna und Flora die nötige Ruhe zu gönnen.

Fürchten wir immer um ihren Verlust, dann haben wir auch die Kraft, sie zu bewahren, wie die Dichterin Eva Strittmatter schreibt:

> Nur von einem Punkt auf den Hügeln
> sieht man das Land, wie es wirklich ist.
> Nur in der Furcht des Verlustes
> weiß ich wirklich, was du mir bist.

Die höchsten Berge an ihrer Gränze geben Standpunkte
zu den weitesten und reichsten Aussichten,
und lassen Landstrecken und Gebirge
von mehr als 20 Meilen Entfernung von einander übersehn.
Die großen Felsenkuppen, welche sich auf hohen Ebenheiten einzeln erheben,
erregen durch ihre sonderbaren Gestalten sowohl, als durch die schönen Ansichten,
die sie geben, Bewunderung und Annehmlichkeit.
Die Niederungen um die Gebirge
führen den Naturfreund bald in lachende romantische Thäler,
bald in wilde Felsen=Gründe und Gruppen,
und die Verbindung so vieler Naturschönheit und Mannichfaltigkeit,
in ernster und freundlicher Gestalt, werden dem,
welcher dieses Alles in seiner Verbindung bereis't und sieht,
das Geständniß abnöthigen,
daß man diese außerordentliche Gegend nicht mit Unrecht
die SÄCHSISCHE SCHWEIZ nenne.

---

Aus der Einleitung in Wilhelm Lebrecht Götzinger's Buch:
»Schandau und seine Umgebungen oder Beschreibung der sogenannten Sächsischen Schweiz« 1804

Kurort Rathen mit dem Massiv der Großen Gans und dem Talwächter



Die Otto-Beyer-Schlucht im Tümpelgrund

‹ Blick auf Pirna, das Tor zur Sächsischen Schweiz

In der Felsenburg Neurathen



Felsenbühne Rathen

‹ Rathen, im Hintergrund Talwächter und Lokomotive

Ruhetag auf dem Amselsee



Kleine und Große Gans im Rathener Gebiet

Dampfer auf der Elbe bei Rathen



Der Höllenhund im Raaber Kessel

Blick vom Langen Horn auf Lokomotive, Talwächter und Lilienstein ›

Bergsteigernachwuchs am Plattenstein



Klettergipfel im Raaber Kessel

Der Wartturm über dem Elbtal bei Rathen



Der Sieberturm und die Große Steinschleuder

Festung Königstein vom Quirl aus ›

Die Wehlnadel im Wehlgrund



Aufstieg in den Schwedenlöchern

Feldweg am Fuße des Lilienseins

Auf der Festung: Wappenstein, Torverzierung, Bronzerohr, Detail Dunkler Aufgang



Medusentor mit zweiter Zugbrücke

‹ Die Festung Königstein von der F 172 aus

Beim Lilienstein



Blick vom Adamsberg

Der Pfaffenstein von Osten, links die Barbarine



Die markante Felsnadel darf seit 1975 nicht mehr bestiegen werden

Stadt Königstein und Lilienstein ›

Polenztal mit Polenztalwächter



Baumgruppe im Bielatal

In den Gründen bei Wehlen: Strudelloch im Zscherregrund (rechts oben)



Der Zitronenkopf im Wehlgrund

Seilschaft an der Kleinen Herkulessäule im Bielatal



Felsengruppe im Bielatal mit Schiefem und Chinesischem Turm

‹ Abend am Falkenstein

MEISSEN

Der aus einer Häuserzeile bestehende Ort Postelwitz



Schaarwändeweg zwischen Mittelndorf und Beuthenfall

Felssturz bei Postelwitz, 1985

Märzenbecher im Polenztal



Polenztal mit Polenztalwächter

‹ Bad Schandau und Lilienstein vom Ostrauer Aufzug aus

Kirche in Hohnstein



Das Städtchen Hohnstein mit der Burg

KIRNITZSCHTALBAHN

Die Kirnitzschtalbahn beim Nassen Grund



In der Eulentilke, Schwefelflechte, Johanniswedel, »Reitende« Bäume

Das Kirnitzschtal bei der Thorwalder Brücke ›

Die Neumann-Mühle im Kirnitzschtal



Der Kuhstall

Im Hinteren Bösen Grund



Umgebindehaus bei Hinterhermsdorf

Blick in den Großen Dom, dahinter Hoher Torstein und Falkenstein



Die Drillinge in den Affensteinen und Falkenstein

Vom Großstein über das Kirnitzschtal zu den Lorenzsteinen



An der Oberen Schleuse

‹ Der Falkenstein und die Schrammsteinkette von Ostrau aus

25/24 + Š

Der Bergsteigerchor »Kurt Schlosser« auf der Wildwiese am Falkenstein



Der Dreifingerturm von Westen

‹ Blick vom Elbleitenweg auf die Schrammsteinkette

Durch den Heringsgrund zur Heiligen Stiege



Die Wenzelwand mit Fluchtwand und Gerbingspitze

‹ Rauschengrund mit Rauschenstein, dahinter Zirkelstein und Kaiserkrone

Blick vom Elbleitenweg in den Heringsgrund



Baumgruppe am Elbleitenweg

Sonnenaufgang über Kleinem und Großem Zschand ›

Eiskaskaden in der Eulentilke

Seilschaft am Teufelsturm

Blick vom Alten Wildenstein zum Kleinen Winterberg



Die Heringsgrundnadel

Nach abendlichem Gewitter: Der Lilienstein vom Neuen Wildenstein aus ›

Die Brosinnadel vom Bloßstockriff aus



Wintermorgen am Höllenhund, dahinter die Kleine Gans

Felsformen beim Kleinen Winterberg



»Sanduhr« am Pudelstein

Der Falkenstein



Die Affensteine mit Bloßstock, Kreuzturm, Nonnengärtner, Amboß und Brosinnadel

‹ Saupsdorf vom Wachberg aus

Buche am Alten Wildenstein



Amboß und Brosinnadel

Der Wolfsturm in den Affensteinen



Südwandbegehung am Wolfsturm

Blick vom Schaarwändeweg zu den Affensteinen ›

Im Hinteren Bösen Grund



Frühlingsbote am Elbleitenweg

Der Doppelgipfel Domwächter und Rohnspitze



Der Lilienstein von der Kleinen Bastei bei Schmilka aus

Felsformen am Alten Wildenstein





‹ Der Hirschgrund im Basteigebiet

Stilleben mit Pilzen



Windbruch am Reitsteig

Baumgruppen am Unteren Affensteinweg



Klettergipfel im Raaber Kessel

Kaiserkrone und Zirkelstein vom Wolfsberg aus ›

Blick vom Domriff auf Dompfeiler, Domwächter und Rohnspitze



Fingerhut auf dem Jordanweg

Hinteres Raubschloß im Morgennebel ›